Sammlung Luchterhand 426

Rahel Varnhagen
Jeder Wunsch wird Frivolität genannt
Briefe und Tagebücher

ausgewählt und herausgegeben von
Marlis Gerhardt

Luchterhand

Originalausgabe
Sammlung Luchterhand, Februar 1983
5. Auflage Oktober 1986
Umschlaggestaltung: Kalle Giese, Darmstadt
Umschlagmotiv: Ullstein Bilderdienst

Gesamtherstellung bei der
Druck- und Verlags-Gesellschaft mbH, Darmstadt
ISBN 3-472-61426-9

Inhalt

Einleitung
Rahel Levin, Friederike Robert, Madame Varnhagen

Die Romantik ist plötzlich ins Gespräch gekommen. Auf einmal wird eine Generation neu entdeckt, nämlich »die jungen Leute von 1800«, die »Avantgarde ohne Hinterland«, wie Christa Wolf sie nennt. Bei dieser Neuentdeckung geht es nicht allein um Fragen der Rezeption und der literarischen Wertung.

Es geht auch um die Annäherung an eine Generation von Frauen, die, miteinander befreundet, miteinander verfeindet, im ausgehenden 18. Jahrhundert versuchen, durch Schreiben aus der Anonymität ihres Geschlechts herauszutreten. Auf diesen Beginn aufmerksam gemacht hat vor allem Christa Wolf mit ihrem Versuch über die Günderrode. »Die Namen derer, die berühmt wurden«, heißt es in dem Essay »Der Schatten eines Traumes«, stehen für andere, die sich ähnlich unruhig, ähnlich suchend verhalten: Der Briefwechsel der Günderrode ist für Christa Wolf ein Zeugnis, daß Frauen es jetzt auf einmal, und zwar als Gruppe, »fertigbringen, ihre eigene Lage zu reflektieren – ein Vorrecht, das wie jedes Privileg seinen Preis hat, der heißt: Aufgabe von Geborgenheit, von Sicherheit, Verzicht auf das frühere Selbstverständnis der abhängigen Frau, ohne die Gewißheit, eine neue Identität zu gewinnen«.

Rahel Levin, verheiratete Varnhagen, gehört zu der Generation, von der hier die Rede ist; wahrscheinlich ist sie sogar die größte Prosaschriftstellerin, die radikalste Selbstdenkerin von allen.

Trotzdem ist ihr Bild undeutlicher als das der Bettina von Brentano oder der Karoline von Günderrode. Ich vermute, daß vieles verdeckt ist durch die tradierten Klischees der älteren Literaturgeschichte, die es sich mit einer komplexen Figur allzu einfach gemacht hat und sie aufs Abziehbild der romantischen Salondame und Goethe-Priesterin reduzierte.

Zudem ist Rahel Varnhagen nur wenig geeignet zur Kultfigur; sie ist weder eine tragische, jugendliche Heroine wie die Günderrode, noch läßt sie sich zur dämonischen femme fatale stilisieren wie Karoline Schlegel. Sie zerbricht weder an einer großen Passion, noch am Konflikt zwischen Kunst und Leben; die alternde Jüdin Rahel Levin schließt vielmehr eine Ehe aus Vernunft, läßt sich aus pragmatischen Gründen taufen und überlebt viele ihrer Generation. All dies scheint gut angepaßt und kommensurabel; in Wahrheit jedoch ist Rahel die Fremdeste, Kompliziertestе und Gebrochenste ihrer Generation. Unter den Außenseiterinnen aus Neigung und Interesse ist sie die einzige Outsiderin von Geburt; die einzige Jüdin unter Töchtern des Adels, unter Professorenkindern und großbürgerlich Geborenen.

Rahel ist weder eine gläubige Jüdin noch eine gute Christin; sie ist nicht auf der Suche nach der verlorenen Zeit, sondern süchtig nach Leben. Der Faszination durch Tod und Dunkelheit, Nacht und Tragik entzieht sie sich. Rahel Levin, die Fremde, die wahrhaft Unterprivilegierte, Benachteiligte, beharrt auf Bildern und Wunschlandschaften, die ins Freie, ins Helle, ins »Grüne«, wie sie es nennt, führen.

». . . bei meinem ›Teetisch‹, wie Sie es nennen, sitze nur ich mit Wörterbüchern; Tee wird gar nicht bei mir gemacht, außer alle acht oder zehn Tage . . .«

Diese Bemerkung, beiläufig in einem Brief mitgeteilt, bestätigt ein Vor-Urteil, ein Klischee, um es zu widerlegen. Das Stichwort ›Teetisch‹ paßt nur allzu gut zum Bild der romantischen Salondame, die für Tee und Sympathie zuständig ist. Was dann aber folgt, spricht eine andere Sprache. Die Rede ist von Einsamkeit, von Isolation, von Depression:

»So ist alles anders! Nie war ich so allein. Absolut. Nie so durchaus und bestimmt ennuyiert . . . Denn nur Geistreiches, Gütiges, Hoffnunggebendes kann eine so Gekränkte, eine so Getötete noch hinhalten.«

Diese Sätze spiegeln das wider, was Rahel Varnhagen für ihre eigentliche, innere Situation hält und in Briefen und Tagebüchern immer wieder reflektiert. Zu diesem Selbstbild gehört existentielle Einsamkeit und die Vorstellung einer Kränkung, die unaufhebbar erscheint.

Als Außenseiterin, als Gekränkte, als Mädchen »aus der Fremde«, als »Schlemihl« fühlt sie sich in doppelter und vielleicht sogar in dreifacher Hinsicht. Einmal durch ihre »infame Geburt«, die jüdische Herkunft, die sie als »Schande« versteht, dann durch ihr Geschlecht, über dessen gesellschaftliche Begrenzung sie sich sehr klar ist.

Ihre Kritik an den Zumutungen der weiblichen Rolle formuliert sie härter und hellsichtiger als jede andere jener Frauen, die als »Romantikerinnen« gelten. Alle Verehrung, alle Anbetung, die sie ein Leben lang erfährt, genügt nicht, sie zu versöhnen. »Muse« zu sein, aufs Podest des weiblichen Genies gestellt zu werden, als Ausnahme angesehen zu werden, bedeutet für sie nicht, die konkrete gesellschaftliche Situation, die sie mit allen Frauen ihrer Zeit teilt, verdrängen zu können.

Wenn sie von Kränkung spricht; wenn sie ihr Ausgeschlossensein von allen Ämtern und Privilegien, die einem Mann offenstehen, immer wieder beklagt; wenn sie auf ihrem Unglück »ohne Satisfaktion« insistiert, so läßt sich die Klage auch so übersetzen: Jemand läßt sich nicht vertrösten, eine Einzige läßt sich keinen Sand in die Augen streuen. Die Theorie übers weibliche »ganz anders« Sein, die in der deutschen Klassik und in der Philosophie Fichtes und Hegels entwickelt wird; die beschwichtigende These von der besonderen weiblichen Naturverfallenheit berührt sie nicht. Ohne den Begriff Ideologie auch nur zu kennen, durchschaut sie all das, was ihrem Geschlecht da an Qualitäten des Verzichts und der Wunschlosigkeit auferlegt wird, als Zumutung, als »Lüge«. Fast brutal offen stellt sie nur immer wieder fest, was tatsächlich der Fall ist, was um sie herum tagtäglich geschieht. Und das hat mit dem literarischen Ideal nichts zu tun.

Frau zu sein heißt, »neben der Gesellschaft« zu stehen, »falsch« geboren zu sein.

Frauen, »Weiber« – wie Rahel sie nennt, sind für sie Verurteilte, die »gar keinen Raum für ihre eignen Füße haben, sie müssen sie nur immer da hinsetzen, wo der Mann eben stand und stehen will«. Diese Verurteilten »sehen mit ihren Augen die ganze bewegte Welt, wie etwa einer, der wie ein Baum mit Wurzeln in der Erde verzaubert wäre, jeder Versuch, jeder Wunsch, den unnatürlichen Zustand zu lösen, wird Frivolität genannt . . .« Frau zu sein ist schlimm genug; Frau *und* Jüdin zu sein aber bedeutet, eine soziale Krankheit zu haben, die nicht zu heilen ist, eine »Verblutung« zu erleben. Hinzu kommt ein Drittes: Rahel Levin hat von Kindheit an die deutliche Empfindung, nicht schön, nicht begehrenswert, ohne Grazie zu sein. Nicht einmal das, was »Macht der Schönheit« genannt wird, kann ihr helfen, sich zu trösten. Sie beharrt geradezu darauf, »hideuse« zu sein, abschreckend also, ohne Reiz.

Rahel Levin, am 19. Mai 1771 in Berlin als ältestes Kind des jüdischen Kaufmanns Markus Levin und seiner Frau Chaiche geboren, ist alles andere als ein Liebling der Götter. Bereits ihr Eintritt in die Welt scheint unter einem unglücklichen Stern zu stehen. Das Kind kommt schon kränklich auf die Welt und bleibt anfällig; geplagt von Infektionen, rheumatischen Beschwerden, Schwächezuständen; ganz gesund ist es nie. Auch die Erwachsene ist stets gefährdet, stets anfällig; ihr Körper ist ihr Feind. Die ersten Monate verbringt das Kind, in Tücher gewickelt, in einer Schachtel; die Familie glaubt nicht, daß es überleben könne. Mit ihren Eltern hat die Tochter kein Glück. Der Vater jedenfalls wird ihr erstes Unglück; in ihren Augen ist er ein »Despot«, ein »rauher, strenger, heftiger, genialischer, fast toller Vater«, der eisern »seinen Willen« durchsetzt und der Tochter jeden »Mut zum Glück« nimmt, jedes »Talent zur Tat zerbricht«. Zur Mutter, die im Hause nichts zu sagen hat, entwickelt sie nie ein tieferes Verhältnis, auch später nicht, nach dem Tod des Vaters. Sie selbst beharrt darauf, daß ihr nicht einmal »die ersten Verhältnisse«, nicht einmal die Eltern »gelungen« seien. Liebe, »Faserliebe«, hat sie nur für die jüngeren Geschwister, um die sie sich ein Leben lang kümmert. An ihren Jugendfreund, den Mediziner David Veit, schreibt die junge Rahel Levin später:

»Wenn meine Mutter gutmütig und hart genug gewesen wäre, und sie hätte nur ahnen können, wie ich würde, so hätte sie mich bei meinem ersten Schrei in hiesigem Staub ersticken sollen. Ein ohnmächtiges Wesen, dem es für nichts gerechnet wird, nun so zu Haus zu sitzen, und das Himmel und Erde, Menschen und Vieh wider sich hätte, wenn es weg wollte (und das Gedanken hat wie ein anderer Mensch), und richtig zu Haus bleiben muß, und das, wenn's mouvements macht, die merklich sind, Vorwürfe aller Art verschlucken muß, die man ihm mit raison macht . . .«
Eine Schulbildung oder eine nur halbwegs geordnete Erziehung durch Hauslehrer oder Gouvernanten hat Rahel Levin nicht; alles, was sie später wissen wird, bringt sie sich selbst bei. Sie ist im wörtlichen Sinn eine Selbstdenkerin, eine Autodidaktin. Ihre ersten Notizen sind noch in hebräischen Buchstaben geschrieben, ob sie je die deutsche Orthographie, die grammatikalischen Regeln, korrekt erlernt hat, erscheint zweifelhaft. Bei allem, was sie sagt, lernt, schreibt, phantasiert, ist die jüdische Tochter, die mit der orthodoxen Tradition der Familie nichts zu tun haben will, darauf verwiesen, beim Punkt Null anfangen zu müssen. Ihre Briefe, ihr Lebenswerk, sind in einer Kunstsprache der Spontaneität geschrieben, einer höchst individuellen, vom Sprachgebrauch oft abweichenden Mischung aus französischen Brocken, eigenen Bildern und Umgangssprache. Viele der Bilder und Metaphern, die ihren Stil bestimmen, sind Worterfindungen, freie Assoziationen, die sich erst allmählich entschlüsseln. Trotzdem sind diese Briefe keineswegs nur »privat«. Sie sind ein literarisches und autobiographisches Dokument; eine »große Confession«, wie das Werk des von Rahel Levin so sehr bewunderten Goethe. Nur prägt keine Tradition, kein Vorbild, kein Sturm und Drang und kein spätes Rokoko eine Sprache, die das Heterogenste zusammenbringt, um die eine extreme Erfahrung »Frau und Jüdin und nicht schön« aussprechen zu können. Wenn sich Rahel Levin immer wieder als »Ignorantin« bezeichnet, so ist damit nicht Ignoranz im heutigen Sinn gemeint, sondern eben diese Traditionslosigkeit; ein wildes Denken, dem die üblichen Regeln, Ordnungen und Kategorien fremd sind.

In ihrer großen Biographie spricht Hannah Arendt immer wieder von der ›Geschichtslosigkeit‹ Rahel Varnhagens; sie erklärt sie zur negativen Heldin, die sich durch Verleugnung der jüdischen Abkunft selbst verleugnet und verliert. Dies scheint mir ein Mißverständnis zu sein. Was bedeutet Judentum im Haus eines Berliner Kaufmanns, der gerade noch einige Rituale, einige religiöse Traditionen aufrechterhält? Wo wäre da eine Möglichkeit der Identifikation für die Tochter, die mit Schleiermacher und Fichte, mit Spinoza und Goethe aufwächst.

Und umgekehrt: Wie eigentlich sieht die Tradition, die Geschichte jener Zeitgenossen und Freunde aus, die keine Juden sind? Welche Tradition steht ihnen zur Verfügung? Um mit dem jungen Friedrich Schlegel zu beginnen. Er sucht sich seine Philosophie, seine Utopie, aus den verschiedensten Quellen zusammen. Alles, was er in den neunziger Jahren an Aphorismen und Texten publiziert, ist ein *mixtum compositum* aus griechischer Philosophie, aus literarischem Zitat und französischer Aufklärung. Novalis spinnt sich ein in ein erträumtes christliches Mittelalter, das mit der realen Geschichte nichts zu tun hat; Heinrich von Kleist, der Offizier, erfindet ein Traum-Preußen und die ferne Märchenwelt des Käthchens von Heilbronn. Mit ungebrochener Tradition, mit kulturellem Erbe, hat das nichts zu tun; eher mit Wunschbildern, mit Sehnsüchten, mit psychischen Projektionen und mit Verleugnung der Gegenwart.

Rahel Levin verfährt anders; sie ist weit radikaler, wenn sie bewußt darauf verzichtet, sich eine Vergangenheit zu erträumen, die sie nicht hat. Das heißt auch: Rahel Levin verzichtet auf das Imaginäre; sie verzichtet auf den rückwärtsgewandten Traum der Romantiker von einer besseren Welt. Für sie gibt es nur die Gegenwart, das Hier und Jetzt, eine Wirklichkeit, die, wie sie an Pauline Wiesel schreibt, vielleicht zu bessern, aber nie zu heilen ist.

Rahel Levin, die Jüdin, braucht keine Kulissen, keine Traumlandschaften, keine Fluchtwelten. Sie sucht etwas anderes: den Weg ins Freie, ins »Grüne, wie sie es nennt; sie sucht eine Welt, in der »jede Extravaganz« erlaubt, jeder Wunsch legitim ist.

Rahel ist unter Träumern eine Sensualistin, eine subtile Materialistin der Seele. Sie baut nicht auf Träume, nicht aufs Wunderbare, sondern auf Wünsche. Wenn sie, was sie bestreitet, auch eine Philosophin ist, dann nimmt sie etwas vorweg, was erst viel später ausgearbeitet wird; im Denken Freuds zum Teil – in seiner Triebtheorie vor allem –, bei Proust und Bergson und selbstverständlich im Werk Heinrich Heines, ihrem Wahlverwandten und geistigen Sohn. Wenn Heinrich Heine den Himmel den Engeln und den Spatzen überlassen will, wenn er Zuckererbsen für jeden verlangt, so heißt das in der Sprache Rahel Levins: »Wer nicht in der Welt wie in einem Tempel herumgeht, der wird in ihr keinen finden.«

Das einzige, was an dem Kind auffällt und sogar den Vater beeindruckt, ist Rahels »Witz« – und Witz zu haben, bedeutet im Sprachgebrauch des späten 18. Jahrhunderts mehr, als bloß witzig zu sein. Witz ist auch Geist, Esprit, Intellekt, Originalität, Sprache.

Nach dem frühen Tod des Vaters treffen sich sehr verschiedene Besucher aus den unterschiedlichsten Kreisen im »Salon« der Neunzehnjährigen. Dieser Salon ist allerdings nichts anderes als ein Mansardenzimmer in der elterlichen Wohnung in der Jägerstraße. Einige Berliner Literaten zum Beispiel, die Romantiker vor allem, junge Gelehrte, aber auch Leute von Stand: sogar ein königlicher Prinz, Louis Ferdinand von Preußen und seine Geliebte, Pauline Wiesel. Dazu die Freundinnen Rahels und einige Berliner Schauspielerinnen.

Wie aber kommt eine Neunzehnjährige, die außer »Witz« nichts zu bieten hat, zu einem Salon? Wie bringt sie es fertig, auf einmal im Mittelpunkt zu stehen und Freunde zu finden, die in einem unbekannten jungen Mädchen etwas Besonderes, ein Wesen fast von einem fremden Stern sehen?

Rahel Levin hat nicht nur Unglück, sie hat auch Glück in ihrem Unglück. Sie hat zumindest das Glück, in einem historischen Moment jung zu sein, in dem gerade ihre besonderen Talente, ihr Witz, ihre Begabung für Freundschaften und Gespräche gefragt sind. Im Preußen Friedrichs des Zweiten sind in den neunziger

Jahren die starren Schranken zwischen den Ständen für kurze Zeit gelockert. Juden sind zwar nicht gleichberechtigt, jedoch wird über ihre »bügerliche Verbesserung« wenigstens diskutiert. Vor allem aber wird in den neu entstehenden literarischen Zirkeln der Frühromantik einigen Frauen eine Sonderrolle zugeordnet. Diese Frauen sind, wie die Juden, nicht etwa gleichgeordnet; als Andere aber spielen sie für kurze Zeit eine kulturell überhöhte Rolle; die Rolle der Muse, die im Mittelpunkt eines Kreises steht. Einen literarischen Salon zu haben ist, jedenfalls um 1800, Frauensache. Rahel Levin schreibt zwar später einmal, sie könne nicht mehr »lieblich schweigen«. Schweigen jedoch ist von Anfang an nicht das, was von ihr erwartet wird. Ihr früher Erfolg scheint gerade darauf begründet, daß es ihr gelingt, das zu sagen, was anderen zu sagen nicht erlaubt oder nicht möglich ist. Sie ist zum Beispiel stolz darauf, dem Prinzen Louis Ferdinand »Dachstubenwahrheiten« zu sagen, die sonst tabuisiert sind. Der Salon Rahel Levins ist jedoch trotz des Prinzen kein exklusiver Treffpunkt, kein Ort für eine *happy few*. Er macht es vielmehr möglich, daß Leute, die sich »draußen« eigentlich nicht begegnen, sich an einem neutralen Ort treffen können. Rahels Salon ist ein exterritorialer Raum, ein Fluchtpunkt: er erlaubt, für Momente die geltenden Hierarchien außer Kraft zu setzen. Das bedeutet aber auch: Rahel Levin kann zwar einen königlichen Prinzen bei sich empfangen; er aber kann sie nicht zu einem seiner Empfänge bitten. Rahels Salon ist zugleich ihr Exil: Sie kann zwar die Welt bei sich empfangen, aber nicht hinaus in die Welt der anderen gehen. Hannah Arendt beschreibt den jüdischen Salon der neunziger Jahre; einen Salon, wie Rahel ihn führt, so:
»Der jüdische Salon, das immer wieder erträumte Idyll einer gemischten Gesellschaft, war das Produkt der zufälligen Konstellation in einer gesellschaftlichen Übergangsepoche. Die Juden wurden zu Lückenbüßern zwischen einer untergehenden und einer noch nicht stabilisierten Geselligkeit. Adel und Schauspieler, beide außerhalb der bürgerlichen Gesellschaft stehend – wie die Juden –, beide gewohnt, eine Rolle zu spielen, zu repräsentieren, sich auszudrücken, darzustellen, was man ist –

und nicht nur wie der Bürger zu zeigen, was man hat –, sie gaben in den jüdischen Häusern der heimatlosen bürgerlichen Bildung einen Boden und ein Echo, das sie nirgends anderswo zu finden hoffen durften. Juden wurden in dem gelockerten Konventionsgefüge der Zeit in der gleichen Weise gesellschaftsfähig wie die Schauspieler; beiden attestiert der Adel ihre bedingte Hoffähigkeit.«

Einen »Salon« zu haben, obwohl man Jüdin und unverheiratet und arm ist, bedeutet eins nicht, es bedeutet nicht, integriert zu sein. Rahel Levin kennt ihre Situation und ist einige Zeit stolz auf ihre Sonderrolle. Sie empfängt Friedrich Schlegel, Wilhelm Tieck, Alexander und Wilhelm von Humboldt, Fouqué, Schleiermacher und viele andere. Die Liste der Besucher erscheint glanzvoll, die »Dachstubenwahrheiten«, die sie zu bieten hat, machen aus ihr fast eine Berühmtheit. Hinzu kommt ihre Seelenfreundschaft mit Louis Ferdinand, die ihrem Salon eine zusätzliche Aura verleiht. Sie wagt es, ihm, der als Libertin, als Freigeist gilt, das zu sagen, was andere ihm nicht sagen; er nennt sie »moralische Hebamme«, *»femme sage«*.

Nur ist Rahel Levin zu klar denkend, um auf die Dauer die in ihren Augen negative Voraussetzung ihres Erfolgs verdrängen zu können. Diese Voraussetzung ist ihr Judentum, die »Schande« der Geburt. Die Freiheit, zu tun und zu lassen, was sie will, ist die Freiheit derer, die außerhalb der Gesellschaft stehen.

In ihren eigenen Augen ist sie frei wie ein Vogel, vogelfrei also; mit Emanzipation hat dies nichts zu tun.

Sie geniert sich nicht, manchmal ihre jüdischen Freundinnen zu beneiden, denen es gelingt, durch Heirat einen Platz in der besseren Gesellschaft zu erwerben. Sie selbst hat zwar Freunde, Verehrer, Anbeter, die sie zur Kultfigur machen; sie hat aber keinen, der etwas anderes in ihr sieht als die Muse, die schöne Seele, das verzauberte »Monstre«, wie sie selbst sich nennt. Wie es wirklich um sie steht, gibt sie in den Briefen an den Jugendfreund David Veit preis. Veit ist Jude wie sie. Er ist daher auch der erste, zu dem sie – wie später zu Heinrich Heine – sagen kann: »Nur die Galeerensklaven kennen sich.«

Veit ist ein Freund, kein Heiratskandidat und kein Liebhaber. In ihren Briefen an ihn entwickelt Rahel Levin zum ersten Mal ihre logisch-alogische Dialektik des so Seins und des anders Seins. Sie selbst ist, wie sie dem Freund immer wieder zu erklären sucht, ein Nichts, ein Niemand, und es gibt auf der ganzen Welt auch »nichts«, das dazu geeignet wäre, sie mit ihrem »schielenden Geschick« zu versöhnen.

Aber trotz allen Elends, trotz aller Nichtigkeit gibt es auch »keinen«, der über ihr ist. Nur ist sie wiederum »zu klein«, sich selbst, ihre Vernunft, ihr Denken, ihre »Größe« auszuhalten. Ihr Dilemma sieht sie so: »Ich steh im Schlamm; und zum größten Unglück bin ich bei Verstand.«

Sie träumt manchmal davon, einfach wegzugehen, aufs Land zu ziehen, anders zu leben. Leben bedeutet für sie mehr als nur Träumen, Reden, Schreiben; Leben bedeutet, Wünsche zu haben und sich diese zu erfüllen. Leben bedeutet auch, sich »jede Extravaganz« gestatten zu können und sich nicht mit der Rolle der Muse oder der Entsagenden abspeisen zu lassen.

Nicht zufällig bewundert sie keine andere Frau so sehr wie Pauline Wiesel, die Abenteurerin, die sich vom Leben nimmt, was sie nur kriegen kann; jene Pauline, die so gut wie keine Bildung erfuhr und nichts gelernt hat, aber trotzdem mit Leidenschaft Voltaire liest, über den sie einmal bemerkt:

»Der hätte uns auch geliebt, der hat sich auch nichts weismachen lassen.«

Im Falle Goethes dagegen hat Pauline Wiesel den Mut zur naiv-souveränen Kritik. Über die Wahlverwandtschaften zum Beispiel schreibt sie an Rahel: »Ich lese einen Roman von Goethe, der mir gar nicht gefällt – weitläufig, ennuyant, keine Liebe, nichts als Tugend, Entsagen auf alles. Eine einzige gute Seite ist im ganzen Buch; es kommt mir vor wie ein dummes Stammbuch, wo viele hineinschreiben – der Roman heißt: ›Die Wahlverwandtschaften . . .‹«

Diese Kritik der Entsagung sagt zugleich etwas über die Person und den Standpunkt der Pauline Wiesel – und Rahel gibt ihr recht. Auch sie mokiert sich, trotz aller Goethe-Verehrung,

übers »Leichenhaft-Morbide« der Wahlverwandtschaften und über die merkwürdige Talentlosigkeit des »himmlischen Kindes« Ottilie.
Pauline Wiesel und die Beziehung der ungleichen Freundinnen so ausdrücklich zu erwähnen, ist notwendig. August Varnhagen, der spätere Ehemann Rahels, hat die Korrespondenz seiner Frau mit einer skandalös Lebenden zum größten Teil vernichtet. Nur ein kleinerer Teil der Briefe ist erhalten; jener Teil, der in den Augen des um Reputation bemühten Varnhagen weniger kompromittierend erschien.
Pauline Wiesel bedeutet für Rahel Levin ihre zweite ungelebte Seite, ihr anderes Ich. Beide zusammen, Pauline und Rahel, wären erst das, was sie selbst gern sein möchte. Später einmal, im Jahr 1810, schreibt sie an Pauline Wiesel, die im Ausland lebt:
»Weh' daß unser Leben wegrinnt, ohne daß wir zusammenleben. Sie sind allein getrennt von mir und ich bin allein, entfernt von Ihnen. Nur einmal konnte die Natur zwei solche zugleich leben lassen. In diesem Zeitalter. Alle Tage sehe ich Sie, und die Natur, und mich, mehr. Entfernt von Ihnen tue ich nichts, als mir jedes Wort, jede kleine Tat von Ihnen repetieren, jede Äußerung, und glauben Sie, zu nennen weiß ich die Prinzipien Ihres ganzen Wesens, Ihres Seins, besser als Sie selbst: es ist nur ein Unterschied zwischen uns, Sie leben alles, weil Sie Mut haben, und Glück hatten: ich denke mir das meiste; weil ich kein Glück hatte, und keinen Mut bekam; nicht den, dem Glücke das Glück abzutrotzen, es ihm aus den Händen zu ringen; ich habe nur den des Tragens erlernt; aber groß verfuhr die Natur in uns beiden. Und wir sind geschaffen, die Wahrheit in dieser Welt zu leben. Und auf verschiedenem Wege sind wir zu einem Punkt gelangt. Wir sind neben der menschlichen Gesellschaft. Für uns ist kein Platz, kein Amt, kein eitler Titel da! Alle Lügen haben einen: die ewige Wahrheit, das richtige Leben und Fühlen, das sich unabgebrochen auf einfach tiefe Menschenanlagen, auf die für uns zufassende Natur zurückführen läßt, hat keinen! Und somit sind wir ausgeschlossen aus der Gesellschaft, Sie, weil Sie sie beleidigen. (Ich gratuliere Ihnen dazu! so hatten Sie doch

etwas; viele Tage der Lust!) Ich, weil ich nicht mit ihr sündigen und lügen kann. Ich weiß ganz Ihre innere Geschichte. Jede Beleidigung, die Sie der Gesellschaft zufügten, obgleich sie in Ihnen gerechtfertigt war, verwundete Sie selbst: ich weiß Schritt vor Schritt, wie es gekommen ist.«

Rahel Levin kann trotz aller Liebe und Bewunderung weder die Rolle einer Pauline Wiesel übernehmen, noch genügt es ihr, die schöne Seele zu spielen, die ihre Freunde in ihr sehen wollen. Die Rettung liegt – wie es ihr scheint – in einer ersten großen Liebe, aus der schnell eine Verlobung wird. 1795 lernt sie im Theater, beim Besuch einer italienischen Oper, Karl von Finckenstein kennen. Der preußische Adlige hat alles, was Rahel Levin nicht hat. Er ist – was sie schätzt – »ziegelblond«; er hat eine Familie mit großer Tradition; er ist von Stand und er ist zudem frei von jeder Ambition. Der blonde, preußische Märchenprinz mit den musischen Neigungen bedeutet Normalität und einen gesicherten Platz in jener Gesellschaft, die außerhalb ihres Salons den Ton angibt; würde sie ihn heiraten, wäre sie Gräfin.

Karl von Finckenstein verspricht ihr die Ehe; er ist überhaupt der erste, der »wollte, daß ich ihn liebe«, schreibt sie später. Es stört ihn nicht einmal, daß die Frau, die er liebt, ihm intellektuell überlegen ist. Im Gegenteil, er genießt – wie es scheint – gerade das. In seinen Briefen besteht er ausdrücklich auf der eigenen Unterlegenheit: »Du bist das erste Wesen, an das sich meine Seele mit allen Kräften und Fähigkeiten so recht anschmiegt. Du setzest sie alle in Bewegung, bei Dir ist keine verloren.«

In einem anderen Brief heißt es:

». . . Oh laß mich zu Dir kommen, laß mich Dich sehen! Du sollst gewiß Freude an mir haben, Du sollst sehen wie artig, wie sanft ich sein will, wie lieb ich Dich haben will, wie ich gehorsam sein will, wie ein Kind.«

Im Salon Rahels allerdings, in den Augen *ihrer* Freunde, ist das »Kind« Finckenstein ein Niemand, ein preußischer Krautjunker wie viele andere auch. In den Augen *seiner* Familie dagegen ist die jüdische Braut ein Skandal, ein Nichts, die absolut falsche Wahl. Karl von Finckenstein zieht sich auf die Rolle des passiv

Zerrissenen, zwischen Pflicht und Neigung Schwankenden zurück. Er kann sich weder für Rahel und gegen die Familie, noch gegen Rahel und für die Familie entscheiden. Ihr aber fehlt der »Mut«, ihn ganz an sich zu binden. Nach vier Jahren des unentschiedenen Hin und Her gibt sie auf; in einem letzten Brief stellt sie fest:

»Die letzten Ereignisse waren erschöpfend. Ich glaubte, ich sei unerschöpflich: ich bin es nicht . . .

Ich überlasse mich nun ganz der Welt, den Umständen . . .; und sollt' ich in dieser Welt wahnwitzig werden. Das werd' ich aber nicht. Die Jahre, die Du weg bist, will ich dazu anwenden, unbekannt mit Dir zu werden. Überreden kannst Du mich nicht mehr. Sei etwas, und ich werde Dich erkennen. Du kannst Deine Freude an mir finden. Ich imponiere Dir; und darum kann ich auch kein Glück bei Dir finden.«

In dieser gescheiterten Liebe zeigt sich ein psychisches Muster, eine Verstrickung, die sich später in verschiedenen Varianten wiederholen wird. Die Männer, die sich von Rahel Levin angezogen fühlen, sehen in ihr eine Ausnahmefrau, das »göttlich-teuflische Genie«, das verzauberte »Monstre«. Sie wiederum fühlt sich durch allzuviel Bewunderung aus der Ferne ums Glück betrogen; sie ist gekränkt, wenn sie »imponiert« und nur abstrakt geliebt wird. Ihre eigene Verstrickung in dieses Muster scheint sie nicht zu bemerken. Sie nämlich macht sich, anders als Karoline Schlegel, anders als die Günderode, nicht auf die Suche nach dem Einen, der ebenbürtig ist. Und Rahel Levin sucht schon gar nicht das männliche Genie; sie fühlt sich gerade von den Passiven und Mittelmäßigen, den jungen Männern mit der »blonden« Seele und den kindlichen Gefühlen angezogen.

Diese Vertauschung der Konvention in den Geschlechterrollen, die Umkehr von groß und klein, von Überlegenheit und Unterordnung, ist ungewöhnlich. Am Ende aber ist sie alles andere als emanzipatorisch im Sinn einer utopischen Egalität. Die überlegene Frau bezahlt einen hohen Preis für die Sonderrolle, die ihr zugestanden wird. Sie wird am Ende ebenso verlassen und aufgegeben wie die vielen anderen, die Unbekannten, die gerade ihrer Schwäche, ihrer Unterlegenheit wegen verlassen werden. Nach einer Begegnung mit Finckenstein, lange nach dem Scheitern ihrer Beziehung, notiert Rahel »einige Stunden später« im Tagebuch:

»Ich habe keine Grazie; und nicht einmal die, einzusehen, woran das liegt: außerdem, daß ich nicht hübsch bin, habe ich auch keine innere Grazie. Das denk' ich schon sehr lange; aber so ganz bestimmt, noch nicht so sehr lange; ich nahm es zu lange einzeln, und sah es nur einzeln ein; wie ich es oft mit vielen Dingen mache. Ich kann es gar nicht einsehen, woran es liegt, da ich mich doch oft überaus unschuldig finde; lebendig und beweglich bin, und dies so überaus an anderen liebe. Doch ist es ausgemacht, daß ich eklig bin . . . Ich bin unansehnlicher als häßlich. So bin ich in allem. So wie manchmal Menschen keinen hübschen Zug im Gesichte, keine zu lobende Proportion am Körper haben und doch einen gefälligen Eindruck machen; recht tadelnswürdige Gemütseigenschaften haben, und doch angenehm sind; so ist es bei mir umgekehrt, ich könnte für die Untersuchung ganz hübsche Teile haben, die ich nicht habe, und wäre doch nicht lieblich. Ich bin nicht so unglücklich, als man denken sollte, wenn ich mir dies recht überlege: Im Gegenteil, dieses Denken macht mich sehr ruhig. Und ich vergöttere doch gewiß Schönheit, bete sie an. Kenne ihre ganze Macht, ihr ganzes Glück, was sie giebt und mit sich führt.«

Die Selbstbezichtigung ist deutlich:

All das, was ihr nicht gelingt, bezieht sie – neben aller Einsicht in objektive Verhinderungen, am Ende doch immer wieder auf einen eigenen Mangel; auf das, was sie nicht hat oder nicht zu haben glaubt. Zwar ist sie es, die dem Zögernden den Abschied gibt und die Entscheidung trifft – trotzdem trifft jede Zurückweisung, jede Enttäuschung sie völlig ungeschützt. Was ihr bleibt, ist ihr Salon, der mehr als je zuvor Furore macht. Sie selbst aber sucht das Vergessen, die Distanz, das neue Leben in der Fremde. In den ersten Julitagen des Jahres 1800 schreibt sie an eine Freundin:

»Ich reise nun mit der Schlabrendorf. Siehst Du, ich, die nie wollte, habe weichen müssen. Ich muß alles, was ich kenne, was ich liebe, was mich ärgert und kränkt, reizt und freut, verlassen! – Um nichts! In keiner Hoffnung. Es ist eine Art Tod. Das Schmerzliche davon ist es: das Schreckliche und Erhabene davon hat es nur nicht. Sterben muß ich: aber tot werd' ich nicht sein. Ich weiß, die Sache geht weiter. Nun! es giebt geborne Krieger und geborne Gärtner, ich muß zur Schlacht! – und als Gemeiner – still den Kanonenkugeln entgegenstehen. Wem ich gehorche, weiß ich nicht; aber geschoben werd' ich, nicht kommandiert. – Alles geht hier auseinander. Karln schreib' ich nicht mehr und er mir auch nicht. Ich habe wie Posa verloren.«

Zusammen mit der Gräfin Schlabrendorf, einer Berliner Freundin, die eine ungewollte, illegitime Schwangerschaft verheimlichen muß, geht Rahel Levin nach Paris. Sie trifft dort alte Freunde und gewinnt neue, wie den jungen Hamburger Wilhelm Bokelmann; »le beau Kelmann«. Bokelmann bewundert sie und fühlt sich verliebt; in ihr aber ist alles »dunkel«. Die Briefe zuerst aus Paris und dann aus Amsterdam, wo sie ihre Schwester Rose besucht, sprechen eine neue Sprache. Nicht mehr nur von Wünschen und Enttäuschungen ist die Rede, sondern auch vom »Klima«, vom schönen »Wetter« und von der Lust, das zu genießen, was sich bietet. Sie glaubt, nie mehr lieben zu können. Was sich anzudeuten scheint, ist jene Haltung des Verzichts, die in der Sprache Goethes »Entsagung« heißt.

Zurück in Berlin aber handelt Rahel Levin ganz anders als nach dem Muster der Resignierenden, die dem Leben entsagt. Noch einmal wiederholt sich das Muster ihrer ersten Liebe. Sie verliebt sich Hals über Kopf in den spanischen Botschaftssekretär Raphael D'Urquijo und verlobt sich mit ihm. Wieder geht es um einen Mann, der in den Augen ihrer Freunde unmöglich ist. Für sie aber wird er ihre größte Leidenschaft und die größte »Turpitude« ihres Lebens. Der spanische Verlobte hat zwar nicht, wie Finckenstein, die Vorzüge einer »blonden Seele«; er hat dafür die Aura des schönen Mannes. Damit aber hat er etwas, was sie nicht hat und manchmal mehr als alles andere für sich haben möchte: Schönheit.

Die spanische Affäre, die sie nicht verleugnet, sondern offen vor den Augen aller lebt, wird ihr als Entgleisung, als Geschmacklosigkeit vorgeworfen. Sie jedoch nimmt sich das Recht, das zu tun, was jeder der Freunde, der ihren Salon besucht, ohne Skrupel für sich in Anspruch nimmt. Sie liebt, ohne zu fragen, ob der Erwählte auch der Richtige und Würdige ist, ob er ein Mann fürs Leben ist. Der zweite Verlobte ist für sie jemand, der schön ist und mit dem Leben zu tun hat; er bedeutet das, was die Surrealisten später als »amour fou«, als verrückte Liebe, beschreiben. Nur verhält es sich im Fall Rahel Levins anders als in surrealistischen Romanen. Die Frau und nicht der Mann ist der verrückten Liebe verfallen. Die Leidenschaft ist *ihre* Sache, und er repräsentiert für sie das, was sonst der Frau zukommt: Schönheit, pures Dasein.

Dem Objekt dieser Liebe ist das Spiel mit den vertauschten Konventionen allerdings nicht geheuer. Ein spanischer Botschaftssekretär hat im Jahr 1802 über weibliche Moral andere Ansichten als eine aufgeklärte Berliner Jüdin. Er verdächtigt sie, sich allen Männern an den Hals zu werfen, die sie bei sich empfängt. Nach Eifersuchtsszenen und Zerwürfnissen geht die große Liebe, die Rahel später ihr »Spanisches Fegefeuer« nennt, 1804 zu Ende. Zehn Jahre später bemerkt sie dazu nur noch, »da sieht man, wie tief der Mensch sinken kann«.

Trotzdem verleugnet sie nie das, was einmal war; ihre Briefe an D'Urquijo allerdings verbrennt sie, nachdem sie sie August Varnhagen zum Lesen überließ.

Fast zur gleichen Zeit wie D'Urquijo lernt Rahel Levin einen sehr anderen Mann kennen; Friedrich von Gentz. Er steht in preußischen Diensten und verwandelt sich allmählich – eine sehr typische Karriere für einen Romantiker – vom Anhänger der französischen Revolution in einen Erzkonservativen, der später als Berater Metternichs die Rolle einer grauen Eminenz spielen wird.

Rahel Levin nennt ihn den besten aller schlechten Menschen und korrespondiert mit ihm, trotz aller Differenzen, bis zu ihrem Tod.

In seiner kurzen Berliner Zeit, ehe er nach 1802 nach England geht, verliebt sich Gentz in »die Levi«, in dies »göttlich-teuflische Geschöpf«, das er fürchtet und das ihn fasziniert. Gentz rät ihr, den Spanier »zum Henker« zu schicken und die physische Liebe mit ihm zu proben.
Es bleibt bei einer Kopf-Liebe, die nie ganz realisiert wird und nie ganz aufhört. Das »Bißchen«, wie sie und Gentz das nennen, gibt sie ihm nie. Trotzdem schreibt er ihr die merkwürdigsten Liebesbriefe, die ein Mann um 1800 an eine Frau schreiben kann. Er kokettiert im Ernst oder fast im Ernst mit dem androgynen Rollentausch, den Friedrich Schlegel in seinem Roman ›Lucinde‹ als Bild der vollkommenen Liebe entwirft. 1803 schreibt Gentz an Rahel:
»Wissen Sie, Liebe, warum unser Verhältnis so groß und so vollkommen geworden ist? Indes will ich es Ihnen sagen. Sie sind ein unendlich produzierendes, ich bin ein unendlich empfangendes Wesen; Sie sind ein großer Mann; ich bin das erste aller Weiber, die je gelebt haben. Das weiß ich: wäre ich ein physisches Weib geworden, ich hätte den Erdkreis vor meine Füße gebracht. Nie habe ich etwas erfunden, nie etwas gedichtet, nie etwas gemacht; bemerken Sie diese Sonderbarkeit: aus mir allein ziehe ich nicht den lumpigsten Funken heraus; ich bin unelektrischer als Metall: aber eben darum ein Ableiter der Elektrizität wie kein anderer. Meine Empfänglichkeit ist ganz ohne Grenzen; Ihr ewiger, ewig tätiger, ewig fruchtbarer Geist (ich meine nicht Kopf, sondern Seele, alles) traf auf diese unbegrenzte Empfänglichkeit, und so gebaren wir Ideen, und Gefühle, und Sprachen, die alle ganz unerhört sind. Was wir beide zusammen wissen, ahndet kein Sterblicher.
Ich werfe es mir jetzt bitterlich vor, daß ich damals nicht mit Macht darauf bestand, das zu genießen, was Sie das Bißchen nannten. So etwas Neues, Außerordentliches als das physische Verhältnis zwischen Menschen, in welchen das Innere gerade im Umgekehr steht, müßte noch gar nicht existiert haben. – Ich muß es auch haben. Versprechen Sie mir, daß das erste Mal, daß wir zusammenkommen, dies geschehen soll; wenn Sie mir das

schriftlich und heilig versprechen, dann verspreche ich Ihnen, daß ich nie wieder heiraten will.«

Das »physische Verhältnis« zwischen Rahel Levin und Gentz kommt nie zustande. Mit weiblicher Moral, mit Tugend hat dies nichts zu tun; Rahel Levin akzeptiert nie die besondere Sittlichkeit, die in der frühbürgerlichen Philosophie den Frauen zugemutet wird. Sie erklärt vielmehr:

»Das in Europa Männer und Weiber zwei verschiedene Nationen sind, ist hart. Die einen sittlich, die anderen nicht; das geht nimmermehr.«

Noch Jahre später macht Gentz ihr Vorwürfe, daß sie nicht darauf bestand, ihn zu lieben. 1810, er lebt seit 8 Jahren nicht mehr in Berlin, schreibt er an sie:

»Es ist eigentlich ein unendlicher Mißgriff . . . gewesen, daß wir nicht zur Liebe gegeneinander, ich meine zur ordentlichen, vollständigen gelangt sind! Hätte ich damals bemerken können, wie überaus gut sie mir waren, hätte ich – ja selbst nur aus Neugier, Frivolität u. s. f. recht beharrlich insistiert auf das, was Sie das Bißchen nannten – es wäre zwischen uns ein Verhältnis ausgebrochen, dessen Gleichen die Welt vielleicht nicht viel gehabt . . . Es war doch hauptsächlich *Ihre* Schuld; Sie standen höher, sahen freier und weiter als ich . . . Sie mußten in Rücksicht auf meine in verderbter Hülle unschuldig gebliebene Seele, alle gemeine Scheu beiseite setzen und mir sogar Gewalt antun, um mich ungeheuer glücklich zu machen . . .«

Die Sprache, in der hier zwischen einem Mann und einer Frau über die Liebe verhandelt wird, ist in der deutschen Literatur eine seltene Ausnahme. Hier führen zwei, die verschieden sind und sich trotzdem außerordentlich nahe stehen, einen Dialog in der Sprache verspäteter, in Deutschland nie konkret gewordener Aufklärung. Was dabei – auf seiner Seite – Koketterie ist, was pures Gedankenspiel, spielt dabei keine Rolle. Wichtig und einmalig ist, daß beide fähig sind, die eingeschliffenen Rollenmuster aufzuheben und sich von den Zuordnungen zu lösen.

Die beiden kommen nie zusammen, aber sie geben sich auch nie auf. Gentz gesteht der Freundin noch als alter Mann, das, was er sonst niemand zu sagen wagt: Er – der Konservative – gesteht, die Gedichte Heinrich Heines zu lieben und zudem in eine Tänzerin verliebt zu sein. Und sie gesteht ihm: »Ich bin doch ein Mann geworden.« Das schreibt sie sonst keinem.

Das Jahr 1806 ist für Rahel Levin, wie für die meisten ihrer Freunde, eine persönliche und politische Katastrophe. Am 27. Oktober zieht Napoleon in Berlin ein, das bis 1808 unter französischer Besatzung bleibt. Die Freunde zerstreuen sich, fliehen aus Berlin oder fallen. Hinzu kommen ökonomische Schwierigkeiten der Brüder Levin, die nur noch ein Existenzminimum für die Schwester übrig lassen. Ihr Salon hört auf zu existieren, sie fühlt sich isolierter und einsamer als je zuvor. Noch 1818 schreibt sie, daß ihre eigentliche Zeit »anno 6 untergegangen« sei: »Untergegangen wie ein Schiff mit den schönsten Lebensgütern, den schönsten Genuß enthaltend«.

Die Salons verschwinden nicht einfach, aber sie verändern sich; der jüdische Salon weicht den politischen Männerbünden. Gegründet wird jetzt die Christlich-Deutsche Tischgesellschaft, in der die patriotisch gewordenen Romantiker verkehren. Frauen, Franzosen und Juden ist der Zutritt verboten. Hannah Arendt stellt zu dieser neuen Form der Gruppenbildung fest:

»Worauf es ankam, war, daß man sich geistig gegen die Aufklärung, politisch gegen Frankreich und gesellschaftlich gegen den Salon zusammenfand. Als direkter Protest gegen den jüdischen Salon der Zeit muß der Ausschluß der Frauen verstanden werden. Diese temporäre Vereinigung von Romantik und Preußentum findet ihr natürliches Ende in den Freiheitskriegen, was den preußischen Adel anbetrifft, in den romantischen Konventionen, was die Romantiker betrifft.«

Rahel Levin erlebt eine Zeit der tiefen Depression; alle Hoffnungen, alle Wünsche scheinen gescheitert. Ihre Freunde sind entweder gefallen wie Louis Ferdinand oder ins Ausland gegangen wie Pauline Wiesel und Gentz. Die, die geblieben sind, stehen ihr fern; die Romantiker geben sich jetzt deutsch, patriotisch, antisemitisch und im Persönlichen konservativ.

Rahel Levin, vereinsamt und isoliert, müßte eigentlich aufgeben, müßte sich in Resignation und Verbitterung zurückziehen. Aber sie gibt nicht auf; sie versucht zu überleben.

1808 lernt sie – zum drittenmal in ihrem Leben – einen jungen Mann kennen, der, gemessen an dem, was sie ist, wieder einmal eine absurde Wahl ist. August Varnhagen, ein Medizinstudent mit literarischen Neigungen, ist 14 Jahre jünger als sie. Er hat nichts, er ist nichts, er hat nicht einmal einen Titel und auch keine besonderen Talente. Er selbst bezeichnet sich ungeniert als »Bettler am Wege«. Aber er hat einen einzigen Vorzug; ihn stört weder das Alter noch die Überlegenheit Rahel Levins, er genießt gerade das. In seinen Briefen pocht er auf seine innere »Leere«, seinen Mangel an Interessen, seine Unentschlossenheit. Sie wiederum nennt ihn »Kind« oder »Varnhäkchen«. Zum erstenmal läßt sich sich mit einem Mann ein, der gar nichts von einem Märchenprinzen an sich hat. Immerhin wird abgemacht, daß Varnhagen nach Tübingen gehen soll, um wenigstens sein Medizinstudium abzuschließen.

Der junge Bettler am Wege löst bei ihr keine große Passion aus; die Ehe mit ihm erscheint jedoch als etwas real Mögliches, als Chance jedenfalls, der Isolation zu entgehen.

August Varnhagen ist trotz aller Devotion nicht ganz so lenkbar, wie er sich gibt. Von Tübingen aus schreibt er Briefe, in denen er seine Unschlüssigkeit und seine alte Beziehung zu einer anderen Frau in aller Deutlichkeit beschreibt. Nur: jetzt durchbricht sie das eingespielte Muster; sie hält ihn fest, sie sagt ihm, was sie von ihm erwartet, und er begreift, daß er gebunden ist.

Ihre Briefe nach Tübingen sind die Briefe einer erwachsenen Frau an einen fast kindhaften Mann; sie sind manchmal fast pädagogisch, mahnend und ermahnend. Ihre intensivsten, persönlichsten Briefe aber schreibt sie in dieser Zeit nicht an den Mann, den sie heiraten will und wird, sondern an Alexander von Marwitz, einen Freund Varnhagens, der in Berlin Altertumswissenschaft studiert. Mit ihm diskutiert sie über Gott und die Welt, über den Lauf der Geschichte und über ihre eigene Privatphilosophie. Marwitz gefällt sich im romantischen Weltekel; er verachtet seine Zeit, langweilt sich und fragt nach dem Sinn. Sie versucht ihn zu überzeugen, daß sein *ennui* keine Lösung sei, sondern eine aristokratische Geste der Flucht.

Marwitz mokiert sich in der Korrespondenz mit Rahel über seinen ehemaligen Freund Varnhagen und versucht, ihr den unwürdigen Liebhaber auszureden. Sie aber hält an ihm fest, weil er, wie sie Marwitz erklärt, der Freund ist, »der mich am meisten liebt, für dessen ganze Lebenseinrichtung ich Bedingung bin«.

Marwitz dagegen ist ein platonischer Anbeter, mehr nicht. Er liebt sie, wie sie an Pauline Wiesel schreibt, so, wie er »das Meer«, eine Landschaft liebt: Er liebt sie abstrakt. Sie ist für ihn eine neue Scheherezade; in den Briefen an ihn erzählt sie ihr Leben, ihre Tag- und Nachtseiten, ihr Unglück und ihr Beharren auf den Zauberworten: Leben, »Wünschen«. Gerade Marwitz gegenüber beharrt sie darauf, nicht zum »Unglück« gemacht zu sein.

Trotzdem ist wiederum sie es, die so entschieden wie niemand sonst den Freitod Kleists verteidigt, wenn sie an Marwitz schreibt: »Ich weiß von seinem Tode nichts, als daß er eine Frau und dann sich erschossen hat. Es ist und bleibt ein Mut. Wer verließe nicht das abgetragene, unkorrigible Leben, wenn er die dunklen Möglichkeiten nicht noch mehr fürchtete? Uns loslösen vom Wünschenswerten, das tut der Weltgang schon. Dies von denen, die sich nichts zu erfreuen haben; forsche eine jeder selbst, ob es viele oder wenige sind . . .« Aber auch Marwitz ist nicht zu heilen; er geht in österreichische Dienste und fällt, weil er fallen will.

1809 geht auch Varnhagen in österreichische Dienste; er jedoch sucht nicht den Tod, er reist herum, fängt an, ein Stück von der Welt kennenzulernen und auf eigenen Füßen zu stehen. Er macht zwar noch keine Karriere, aber er bereitet sich darauf vor, später eine machen zu wollen. Zu seinen Vorbereitungen gehört auch, daß er sich selbst in den erblichen Adelsstand erhebt. »In einem alten Geschichtsbuch Westfalens habe ich Nachrichten von meiner Familie . . . und die sichere Darlegung gefunden, daß ich aus einer uralten, ritterlichen Familie, von Ense genannt

Varnhagen, abstamme«, behauptet er mit Chuzpe und nennt sich ab sofort Varnhagen von Ense. Die nächsten Jahre verbringt das Paar, oft getrennt voneinander, auf diversen Reisen. Sie flieht vor den Franzosen aus Berlin, geht zu Verwandten aufs Land und reist zu Varnhagen nach Prag; er ist weiterhin in österreichischen Diensten und gewinnt durch Beflissenheit einige Vorgesetzte für sich. Für Rahel ist der Krieg ein Greuel: »Das Drunter- und Drübergehen der Welt.« Patriotische, antifranzösische Töne ringt sie sich nur sporadisch und unter dem Einfluß Varnhagens ab. 1814, als Varnhagen ein Stück die Karriereleiter hoch geklettert ist, läßt sie sich taufen und wird noch am selben Tag Madame Varnhagen: »Unser ganzes Glück, unsere Liebe wird jetzt auf dem bürgerlichen Amboß bereitet, damit die Bürger es passieren lassen«, kommentiert sie den Weg in die Normalität einer verheirateten Frau.
August Varnhagen macht sich einen Namen als politischer Journalist; er übernimmt für Preußen ein Sekretariat auf dem Wiener Kongreß und seine Frau begleitet ihn. Erst 1819, nach einigen Jahren in Karlsruhe, geht das Ehepaar Varnhagen nach Berlin zurück. Rahel ist jetzt gesellschaftlich etabliert. Ihr zweiter, neuer Salon ist keine Dachstube mehr, sondern eine Institution.
Varnhagen sonnt sich im Ruhm seiner Frau, er stilisiert sie zur Zelebrität und spielt jene etwas ridiküle Rolle, die sonst immer nur Dichtergattinnen nachgesagt wird. Er ist der Privatsekretär seiner berühmten Frau; er sammelt ihren Nachlaß bereits zu Lebzeiten; er schreibt ihre Briefe in Reinschrift ab und schreckt nicht davor zurück, jene Passagen zu zensieren oder zu streichen, die nicht in sein Weltbild passen.
Sie ist in einer schwierigen Situation. Zwar ist sie endlich zugelassen, getauft, etabliert, verheiratet, adlig, ohne Geldsorgen. Trotzdem aber ist sie vor sich selbst nicht freier als in ihrer Jugend. Sie findet es degoutant, bei offiziellen Anlässen als Anhängsel ihre Mannes auftreten zu müssen und zudem: Rahel Levin, getaufte Friederike Robert, verheiratete Frau Varnhagen von Ense, möchte in Ruhe alt werden. Sie hat kein Bedürfnis,

keinen Wunsch, ewige Jugend vorzuspielen. Doch alt werden, »das kann ich nicht ... weil ich einen jungen mich so sehr liebenden Mann habe, Komischers gibt es nicht. Die verkehrte Krone auf meinem Schicksal, *dankbar* bin ich *auch*«, bemerkt sie. Das neue Leben macht sie nicht glücklich, aber es gibt für sie auch keine andere Lösung: »Keine rechte Erdentochter bin ich nicht, wenn auch ein rechtes Erdenkind.«

Ein später, letzter Freund der Alternden wird der junge Heinrich Heine, den sie 1821 in Berlin kennenlernt und bei sich empfängt. Er erklärt, »J'appartiens à Madame Varnhagen«, ich gehöre Frau Varnhagen. Jedoch meidet er nach kurzer Zeit ihren Salon, dessen Rituale ihm absurd und überholt erscheinen. In einem Brief mokiert er sich über ihr »hochgeschätztes Federvolk, das so schnattern kann, wie man es eben braucht und in jeden beliebigen Käfig paßt«. Gemeint sind damit die Leute, die sie jetzt bei sich sieht und empfängt, um Varnhagen nicht zu enttäuschen. Trotz aller gelegentlichen Sottisen, trotz aller Mahnungen Rahels, ihr »feiner und absonderlicher« Freund dürfe kein »Brentano werden« (also kein »haltlos-labiler Romantiker«), nennt Heine ihren Salon, den er so oft meidet, sein »Vaterland«. Er widmet ihr sogar, ohne sie zuvor um Erlaubnis zu bitten, ein Kapitel des Buchs der Lieder. Als er von ihrer Verstimmung erfährt, schreibt er an Varnhagen:

»Mir schien es, als wollte ich dadurch aussprechen, daß ich jemand zugehöre. Ich laufe so wild in der Welt herum. Manchmal kommen Leute, die mich wohl gern zu ihrem Eigentum machen möchten, aber das sind immer solche gewesen, die mir nicht sonderlich gefielen, und solange dergleichen der Fall ist, soll immer auf meinem Halsbande stehen: j'appartiens à Madame Varnhagen.«

Madame Varnhagen aber fühlt sich in Berlin heimatlos. Sie sieht ihr jetziges, bürgerlich etabliertes Leben als »fast ohne Zusammenhang mit meinem alten Sein«. Als alte Frau wird sie politisch, votiert für die Julirevolution und bekennt sich zu Saint-Simon. Jetzt erst gelingt es ihr, sich mit der infamen Geburt, mit dem Judentum zu versöhnen: »Was so lange Zeit meines Lebens mir die größte Schmach, das herbste Leid und Unglück war, eine Jüdin geboren zu sein, um keinen Preis möchte ich das jetzt missen.«

In einem der wenigen Briefe an Heine, die erhalten sind (die meisten anderen sind bei einem Brand in Heines Wohnung verbrannt) sagt sie ihm, zwei Jahre vor ihrem Tod, all das, was sie jetzt zu sagen hat: ihr Brief ist zugleich ihr Testament und ein Appell an den Wahl-Sohn, da weiterzumachen, wo sie aufhört, wo sie sich gescheitert fühlt:

»Kein großer Trumeau, kein ›Jungfernkranz‹, kein Elefant über Theaterbrücken; keine Wohltätigkeitsliste, kein Vivat, keine Herablassung; keine gemischte Gesellschaft, kein neues Gesangbuch, kein bürgerlicher Stern, nichts, nichts konnte mich je beschwichtigen. Die Pockenmaterie muß raus; Schminke hilft nichts; und wäre sie mit Hausanstreichpinseln aufgekleckst! . . . Unversehens hab' ich Sie hier gegrüßt, mit allem was ich jetzt, über Jetzt zu sagen weiß. Sie werden dies herrlich, elegisch, fantastisch, einschneidend, äußerst scherzhaft, immer gesangvoll, anreizend, oft hinreißend sagen; nächstens sagen. Aber der Text aus meinem alten beleidigten Herzen wird doch dabei der Ihrige bleiben müssen.«

Am 7. März 1833 stirbt Rahel Varnhagen. Sie wird auf dem Dreifaltigkeitskirchhof vor dem Halleschen Tor beigesetzt.

Briefe an David Veit

RAHEL AN DAVID VEIT IN GÖTTINGEN

Dienstag, den 2. April 1793

Sie wissen doch sonst immer gern so genau, was ich denke, und das ist auch ein Vergnügen zu wissen; wenn man Leute fände, die einem das sagten, dann könnte man klug werden. Ich will Ihnen aber diesmal über ihren Brief alles so sagen, Sie sollen Ihre Freude dran haben. Ich fange mit einer gräßlichen Torheit an, zeige Ihnen also mein Innerstes; ich habe nicht geglaubt, daß Goethe so subaltern antik (Sie sehen, ich weiß kein Wort) angezogen geht; denn ein Mensch, der alles weiß, weiß auch dies, und warum sollt' er sich nicht ein bißchen apprivoisierter kleiden, noch dazu, da er am Hof lebt und in den neuesten Gesellschaften ist; das käme ganz natürlich von selbst, so wie ich jetzt glauben muß, er geht mit Bedacht anders, und das begreif' ich nicht. Nun ist es aber wohl noch ganz anders, er mag aus Bequemlichkeit so gehen, mag lange nicht nach so etwas gesehen haben, mag so etwas seinen Leuten überlassen; und dann, er weiß nur alles, und er mag so sein. Was Sie mir übrigens schreiben, ist mir gar nicht aufgefallen; die Leute machen einen immer irre, und wenn die einen nicht zurechtweisen wollten, wär' man schon längst klug. Natürlich hat man sich ihn ungefähr so denken müssen, und warum sollt' er anders sein? Wer hat ein größeres Privilegium zum Miessein als er? Aber da kommen die gleich mit ihren Quersachen von Stolz und andrem Dummen, kurz, so dumm, als sie selbst sind. Das »zur linken Hand antrauen« versteh ich auch nicht; vielleicht hat die Person gewollt; und überhaupt versteh ich den Wert und die Wirkung dieser Zeremonie nicht. Ignorance, mais tout de bon. Ich hab' Ihnen so geglaubt, ganz erschrecklich; glauben Sie mir, ich hab' Ihnen die Mühe der ringsum abgehauenen Vorurteile aller Art angelesen, und Sie haben so simpel nur erzählt, was da war, wie Goethes Karneval. Das ist eine erschreckliche Mühe, ich weiß es, weil man da nur tut, was man schon getan hat, was das einzige ist, was man tun muß: sehen, und ehe man vorurteilt, und sich etwa verurteilt; das muß ein jeder tun, und dies noch einmal zu tun, ist sehr ennuyant. Sie haben mir die prächtigste Statisfaktion seit langer Zeit gegeben (nun frag' ich gar keinen mehr darüber aus), und fragen noch lange, ob Sie so fortfahren sollen, Herr Gott! das wäre zu viel! So exakt brauchen Sie nicht zu sein. Ich will schon verstehen. Aber hören Sie ja nicht auf, alles zu besehen und unmenschlich zu fragen, das ist das Wahre.

Wie können Sie aber nur so grausam sein, und mich ermahnen, ich sollte oder müßte das sehen; wissen Sie denn nicht, daß ich vergehe, ganz vergehe, wie etwas, das aufhört? Ist es einem ordentlichen Menschen möglich, Berlins Pflaster sich für die Welt ausgeben zu lassen? Dies abscheuliche windige Klima nur (seit vorgestern hat's zum erstenmale geregnet, und heut ist gut Wetter), und kann ein Frauenzimmer dafür, wenn es auch ein Mensch ist? Wenn meine Mutter gutmütig und hart genug gewesen wäre, und sie hätte nur ahnden können, wie ich würde, so hätte sie mich bei meinem ersten Schrei in hiesigem Staub ersticken sollen. Ein ohnmächtiges Wesen, dem es für nichts gerechnet wird, nun so zu Haus zu sitzen, und das Himmel und Erde, Menschen und Vieh wider sich hätte, wenn es weg wollte (und das Gedanken hat wie ein anderer Mensch), und richtig zu Haus bleiben muß, und das, wenn's mouvements macht, die merklich sind, Vorwürfe aller Art verschlucken muß, die man ihm mit raison macht; weil es wirklich nicht raison ist zu schüttlen; denn fallen die Gläser, die Spinnrocken, die Flore, die Nähzeuge weg, so haut alles ein. (Jettchen war eben hier, die und die Veit sind auch enchantiert von Ihnen, mais vraiment enchantées; sie goutieren ganz die Simplizität, die Mühe und Aufmerksamkeit, und daß keine Frage übrig bleibt). Hören Sie aber um Gottes willen nicht auf, mir besonders von der Schönheit der Örter zu schreiben, und bleiben Sie (überhaupt) sich gleich, womöglich.

Was Sie mir von Wieland schreiben, war mir nicht weniger außerordentlich angenehm, und noch mehr über meine Erwar-

tung hübsch, was er hübsch über seine jetzige Geschriften (nicht Schriften, und nicht Geschreibe) sagt; bravo! und wie er angezogen geht, recht prälatig außer dem Ornat; und dann seine Geduld, alles zu sehen, gefällt mir auch, recht Wieland'sch; schön, weiß er gewiß, ist schön; indessen, klebt es aller Orten, nehme man's wo er sitzt; was man zu Haus hat, hat man fest; und alt ist er auch; was soll er machen? So ein sachtes amusement! ...
Es ist mir, als sähe ich das doch alles noch einmal; es wird mir nie einkommen, daß ich ein Schlemihl und eine Jüdin bin; da es mir nach den langen Jahren und dem vielen Denken drüber nicht bekannt wird, so werd ich's auch nie recht wissen. Darum »nascht auch der Klang der Mordaxt nicht an meiner Wurzel«, darum leb ich noch. Das hab' ich Ihnen doch noch alles nicht gesagt, darum schreib' ich's Ihnen, daß Sie Vergnügen daran haben sollen. Lieber Veit, schicken Sie mir doch Ihre Adresse, ich möcht' Ihnen gern auf meine eigne Hand schreiben, das Einlegen ist mir fatal. Erbreche man immer unsere Briefe, die versteht doch kein Mensch, und Interesse hat's für kein Wesen (wenn Sie sie erst gelesen haben).
Was soll ich Ihnen von uns, von hier schreiben? Wir sprechen nicht mal davon. Glauben Sie nicht, daß das Verachtung sein soll; was nur halbwege ist und vorgeht, sollen Sie wissen. Jetzt ist aber wirklich gar nichts, nichts nichts in der Stadt, und nichts bei uns ...
Leben Sie wohl, lieber Veit, und haben Sie recht Vergnügen, denn Sie haben's für mich mit, weil ich welches davon habe. Wann kommen Sie wieder – wie ist das – so etwas will ich wissen. Adieu, mon ami. Vielen Dank.

R. L.

Apropos! Lieber Veit, ich hab' mir für vier Groschen ein halb Buch fein Papier gekauft, und schneide mir mit Ihrem Federmesser die Feder selbst. Imaginez!

RAHEL AN DAVID VEIT IN JENA

Berlin, den 21. März 1795

Wenn man einen Menschen als Freund ansieht, so hat er nichts davon, als daß man ihn ebenso schlecht, unhöflich und hart behandelt als sich selbst; aber auch keinen andern wieder so – finden Sie ein Wort – süß ist mir zu schlecht, und ein anderes weiß ich doch nicht. Es war Ihnen äußerst unangenehm, so lang nichts von mir zu hören; das hab' ich jeden Tag gefühlt, jeden Tag Briefe an Sie komponiert, und doch nicht geschrieben. Ich bin Ihnen eine angenehme Empfindung schuldig, – sie löschen die unangenehmen, die man hatte, nicht aus, aber sie verdrängen doch neue; ich bin überzeugt – ich warte auch umsonst – und noch – auf einen Brief, und kurz ich kenne das – es war mir ebenso unangenehm, Ihnen keinen Brief zu schicken, als es Ihnen war, keinen von mir zu bekommen. Sie gestehen mir hierin viel zu: glauben mir also gern, und können doch nicht; Sie werden nachdenkend, und wollen's finden. Ich will Ihnen helfen, ich will mich deutlich machen. Der Grund der Unannehmlichkeit war sich gleich, die Art sehr verschieden. Aber ziehen Sie ein böses Gewissen vor? Ein böses Gewissen war's zwar nicht; denn ich konnte Ihnen wahrlich nicht schreiben, und doch wußt' ich, daß mit vieler Mühe und vieler Zeit, ich wohl könnte. Ich will Sie einmal tief in meine Seele schauen und nichts darin erblicken lassen, wie mich selbst (»wie« ist hier nicht anstatt »als«; ich erblicke auch nichts, soll es heißen); denn wahrhaftig, mir selbst macht's Mühe, mich deutlich zu denken. Die Hauptursache, warum ich nicht schrieb, sind Meister, die Horen, und die Messe; über die ersten kann man – außer Bücher – nicht schreiben, – und mit niemand möcht' ich lieber darüber sprechen als mit Ihnen, – und die Messe wollt' ich als nichts Ungewisses berühren, weil das bei mir Hölle, Teufel, und alle schlechten Erfindungen der Dinge sind, die alles erfunden haben, und die wälze ich so leicht nicht auf einen andern.

Den 22. März

Sehen Sie, daß ich nichts tun kann: bei dem Wort »andern« trat die Liman und Wessely in die Stube, und aus war das Schreiben. Mama will mich nicht nach Leipzig mitnehmen; sie will nur in einem halben Wagen fahren, Franzosen, schlechte Messe, kurz die Einrichtung der paar Umstände, unter denen ich keuche, ist so, daß auf alles, nur auf mich keine Rücksicht genommen wird; obgleich man manchmal, wenn ich in Agonie par exemple liege, solche Mienen macht. Ich bin krank. Nun sag' ich's selbst; und kann gar nicht wieder gesund werden als durch Pflege. Niemand lebt, der mich pflegen würde, also muß ich's selbst tun, und wie mit Gewalt. Denken Sie sich die Pflege! Denn ich bin krank durch gêne, durch Zwang, solang ich lebe; ich lebe wider meine Neigung, wenn ich auch nur immer dagegen handlen seh'. Ich verstell' mich, artig bin ich, daß man vernünftig sein muß, weiß ich; aber ich bin zu klein, das auszuhalten, zu klein; ich will nicht rechnen, daß ich keinen empfindlichern, reizbareren Menschen kenne, und der immer in einer Unannehmlichkeit tausend empfindet, weil er die Charaktere kennt, die sie ihm spielen, und immer denkt und kombiniert; ich bin zu klein, denn nur ein solcher kleiner Körper hält das nicht aus. Mein ewiges Verstellen, meine Vernünftigkeit, mein einziges Nachgeben, welches ich selbst nicht mehr merke, und meine Einsicht, verzehren mich, ich halt' es nicht mehr aus; und nichts, niemand kann mir helfen. Einmal kann man so etwas sagen, erklären, demonstrieren; ich bin nicht zu delikat, ich hab's getan, zwanzigmal getan: indem ich rede, scheint manche unbehülfliche Miene mich zu verstehen; aber vergeblich! Hör' ich auf, und handle – weil ich Vernunft erwarte – weiter, so ist's wieder vorbei. Meine Hülfe will geahndet sein, und im ganzen Hause ahnd' ich nur; und da kann ich nicht heraus, weil die Welt eingerichtet ist. Ich bin krank: und muß mir selbst helfen. Ausruhen will ich mich auf'm Lande; ich ziehe acht Meilen von hier bei Zehdenik mit irgend der Fließ oder meiner Line allein, sobald als möglich, und fange die andere Woche schon hier zu baden an, bade dort, geh' im Juli nach Freienwalde, dann wieder zurück nach Zehdenik, und bleibe, solange man's auf'm Lande aushalten kann. Baden will ich ein ganzes Jahr. Ausruhen muß ich mich; hier töten sie mich; und erst recht, wenn sie sich's einfallen lassen, mir helfen zu wollen. Wenn der Liman ihr Mann nicht Zeit hat, nach Leipzig zu kommen, seine Frau und Kind dort zu sehen, so komm' ich dies Jahr nicht hin; bis das dezidiert ist, bleib' ich nur noch in Berlin, sonst reis' ich mit der Liman, und frage keinen Menschen. Ich habe solche verzehrende Lust, diesmal nach Leipzig zu reisen, daß, sollt' ich während der Messe noch hier sein, und irgend ein Mensch reist hin, und hat einen Platz, so fahr' ich wider alle Meinung und Erlaubnis hin. Am Jüngsten Tag hab' ich recht. Ich geh' fast gar nicht aus; weil keine Luft mir gut genug ist, alle Gesellschaft, wo ich hinkommen kann, verhaßt, die Komödie eklig ist, und das Konzert auch. In Gesellschaft bekomm' ich unmittelbar vom Zuhören Ennuis- und Anstrengungs-Schmerzen, im Theater dasselbe, und vom Zug; im Konzert dasselbe, zu Haus von Lesen, Schreiben oder was ich tue, wobei der Körper nur zehn Minuten lang in einer Richtung sein muß. Zu dicke, zu dünne, zu warme, zu kalte Luft, und jeder Affekt, macht mir ein Erbrechen, wie jeder Schmerz, der nur ein bißchen solide wird. Dabei vergeh' ich für Überdruß, vous sentez bien – das Weglaufen ist mir verboten, nun das halt' einer aus! Die Reizbarkeit und Empfindlichkeit kann nicht höher steigen. Und doch! daß ich ein Fieber bekomme, muß unmöglich sein: sonst hätt' ich eins! – Das Ende ist eine Ermattung, die in Schmerz ausartet, der Schmerz in Erbrechen, das in Ermattung, und denn noch einmal. Ich geh' aufs Land. »Der Erde näher, den erdgebornen Riesen gleich.« Dann hatt' ich Ihnen so viel auf Ihre drei Briefe zu antworten, und das ist Mühe; und ohne das wollt' ich nicht; denn was sollten Sie ohne dieses Detail denken; und Ihnen das zu geben, strengt mich nicht wenig an, jeder Gedanke an das Schreiben. Nun verdammen Sie mich. Glauben Sie mir – verrückt bin ich nicht – ich fehle nicht gemein; es ist immer ein unumstößlicher Berg die Ursach, wenn man ihn auch nicht sieht: ich fehle nicht gemein. Ich habe solche Phantasie; als wenn ein außerirdisch Wesen, wie ich in diese Welt getrieben wurde, mir beim Eingang diese Worte mit einem Dolch ins Herz gestoßen hätte: »Ja, habe Empfindung, sieh die Welt, wie sie wenige sehen, sei groß und edel, ein ewiges Denken kann ich dir auch nicht nehmen, eins hat man aber vergessen; sei eine Jüdin!« Und nun ist mein ganzes Leben eine Verblutung; mich ruhig zu halten, kann es fristen; jede Bewegung, sie zu stillen, neuer Tod; und Unbeweglichkeit mir nur im Tod selbst möglich. Diese Raserei ist wahr, ist zu übersetzen. Lächlen Sie, oder fühlen Sie Tränen aus Mitleid, ich kann Ihnen jedes Übel, jedes Unheil, jeden Verdruß da herleiten: und mich dekontenanziert's nicht, lächerlich in eines andern Augen zu sein. Diese Meinung ist mein Wesen, und das muß ich Ihnen klar bewegen, eh' ich sterbe. Die Satisfaktion kann ich mir nicht versagen. Ich will mir in Ihrem Namen antworten, und die Vernunft aus Ihrem Munde reden lassen. »Ja«, würden Sie sagen, »es ist Ihnen das größte Unglück widerfahren, was Sie nur treffen konnte, Sie sind lahm: aber hören Sie, sehen Sie, schmecken Sie, wenn Sie immer Ihren Fuß betrachten, so sind Sie's ja selbst, die sich lahm machen.« Ja, wenn ich aus der Welt leben könnte, ohne Sitten, ohne Verhältnisse, fleißig in einem Dorf. Ja, würde der Lahme sagen, wenn ich nicht zu gehen nötig hätte; ich habe aber nicht zu leben, und jeder Schritt, den ich machen will, und nicht kann, erinnert mich nicht an die allgemeinen Übel der Menschen, gegen die ich gehen will, sondern ich fühle mein besonder Unglück noch, und doppelt und zehnfach, und eines erhöht mir immer das andere. Wie häßlich bin ich nicht dabei; ist denn die Welt klug, sagt man denn: »Der Arme ist lahm, bringen wir dem Armen das entgegen, ach wie schwer muß ihm jeder Tritt werden, man sieht's!« Nein; sie achten seine Tritte nicht, weil sie sie nicht machen, sie finden sie häßlich, weil sie sie sehen, und bringen ihm nichts entgegen, weil ihnen seine Mühe nichts schadet, und ihre eigene ihnen entsetzlich ist. Und der Lahme, zu gehen gezwungen, sollte nicht unglücklich sein? Hab' ich je ein lahmes Gleichnis gesehen, so ist es dieses; es hinkt so, daß man mein Unglück nicht im geringsten daraus ersehen würde, wenn man's nicht kennt. Nun will ich Ihre Briefe suchen, und sehen, worauf ich antworten muß. Eben hab' ich dem Herrn von Brinckmann absagen lassen: »Es ist mir unmöglich.« Der vom 5. Januar soll den Anfang machen. Tausend, tausend Dank für Fichtes Buch, das war der Pflug, der mich urbar zu den Horen machte; die interessieren mich jetzt am allermeisten; ich versteh' sie ganz, mit den Menschen muß man nicht darüber reden; und auch geradezu sage ich, wie sie, ich versteh' oder lese sie nicht; und ihre Gemeinnützigkeit sagt die erste Epistel, das Erste in der Welt, alles, und niemand kann noch etwas sagen. Die wird am wenigsten verstanden, und die Menschen halten sich an die Ankündigung, weil sie das Einzige ist, was sie fassen können, und dabei schreien sie! Meine Ohren vertauben. Leute, die von jeher für fein passiert haben, verstehen sie auch nicht. »Wie kann man Empfindungen erklären, in Systeme fassen«, ist ihr letzter Grund, den sie denken, und was sich darauf bauen läßt, sagen sie. Wahre Dankbarkeit für Ihre Nachricht von den Horen! nur immer so! »Solche Schläge.« Das kann ich Ihnen nicht ersetzen. Diesen Brief muß ich Ihnen mündlich und ausführlich beantworten; Sie sprechen darin von meinem Charakter, ich gebe Ihnen gern Auskunft darüber, weil Sie's als ein Ganzes fassen. Also seh' ich nicht ein, woher der gemeine Menschenverstand zu seiner Meinung gekommen ist? Sie glauben's selbst nicht. Aus Schwäche und Schwächen Gitter zu machen: ich fühle mich stark, und bin schamlos genug, es mir manchmal merken zu lassen, es nicht verbergen zu können. Bei Gott! so geht's mit jeder Gabe; sie sei Fehler oder Verdienst – in unserm Geenge – und da ziemt sich nichts als Mitleid und Nachsicht, und weil man doch Billigkeit – nach Menschenverstand – fordern kann, so fordr' ich's. Kühn bin ich, ja – das wissen Sie am besten; wenn ich mich auch vor einem Puthahn fürchte, fürcht' ich doch, wie die meisten, nicht ein Gewitter. Das ist der Lohn – aber nur halb, den Sie gleich nach Erklärung über mich und sich forderten; mündlich soll er anders klingen. Wissen Sie was? Besuchen Sie mich auf meinem Lande; da wollen wir alles abmachen. Ohne daß es jemand weiß. Ich leugne es jedem, dem, der's g e s e h e n hat. Sie sind aber nicht kühn. Wenn's am Reisegeld liegt, das will ich Ihnen dort wiedergeben. Ich habe öfters auch keins. Kurz, das findet sich noch . . .

Den 25. März

. . . Sagen Sie mir, lieber Veit, was laborieren Sie denn immer an unserm Verhältnis, – mich dünkt, das ist wie eine eingepflanzte Blume, wenn auch ungünstige Winde kommen, wir warten sie ab, und sind gewiß, sie blüht einen Monat, herausziehen und graben kann man gar nicht, decken und reinigen höchstens, und für Menschenhände wahren: übrigens verlassen Sie sich aufs Klima und die gute Art; schon zu ängstlich Hinsehen ist beleidigend, sie blüht gewiß. – Wie konnten Sie sich von meinem Stillschweigen beunruhigen lassen, warum schreiben Sie etwas, von dem Sie selbst denken, ich hätt' es ungeschrieben lassen können? Mir ist nichts eingefallen: außer daß Sie das an mir nicht leiden können, daß ich manchmal mit einem Restchen nachkomme, und Ihnen sage, es kann noch so, und so, und so kommen: das inkommodiert Sie, denn, wär's nicht bequemer, es müßte nun so bleiben? – für meine Moralität ist Ihnen gar nicht bange – bequem aber wär's nicht wahr? und wenn ich Ihnen auch die Wahrheit nicht einmal sagen soll, wenn sie ein schneller Umlauf des Bluts herausspielt, so wär's ebenso gut, ein jeder bliebe für sich, und gäbe dem andern höflich recht, und wär' ihm unausstehlich, wie einem die Leute sind – und diese Unbequemlichkeit gab Ihnen humeur –, denn es giebt humeur, wenn uns einer droht, uns etwas Liebes zu entziehen – worüber wir freilich bei keinem Gerichte klagen können – und wir ihn noch als freimütig und unschuldig behandeln müssen – und um mir das nicht zuzugestehen, da es ohnehin gar die Zeit nicht erforderte, und vielleicht nie erfordern wird – in Tätlichkeiten handelten Sie über Ihre Laune – so faßten Sie sich kurz, und sagten, Sie verstünden mich nicht. Ich nahm das, wie man ein sauer Gesicht nimmt, welches der Augenblick hervorbringt und verscheucht, von einem Freunde, von dem man nun einmal genötigt ist, etwas Schweres zu fordern, und der uns doch gerne willfährt, weil er uns glaubt, daß wir es fordern müssen. Weiter dacht' ich nichts:

Sie haben sich's schwerer gemacht. Ich versteh' Sie doch noch oft besser, als Sie's glauben können, das war die Aussteuer bei meiner Geburt. Das bitt' ich Sie aber, daß wenn Sie auch künftig wieder Laune haben, lassen Sie mich sie sehen, verschlucken Sie sie nicht, die Heilsamkeit brauch' ich Ihnen nicht auseinanderzusetzen. Sie haben recht, daß Sie sich für alle kommenden Fälle sicher halten. Denn verrückt müßt' ich werden: wenn bei mir auch keine Sicherheit mehr wäre. Dann hätten Sie recht zu weinen. Sie wissen, lieber Veit, daß ich die Mühe ganz einsehe, die so etwas macht, und Ihnen machen muß . . .

Philine finden Sie witzig? Ich nicht! Sie könnt' es sein. Ich finde auch die Ähnlichkeit mit mir. Man schreibt es mir aus Strelitz, Wien und allen Gassen. Schade, daß ich nicht so arm, oder sehr reich bin. Hübscher wär' ich dann von selbst. Ich halte mich für das dezenteste Mädchen, das ich kenne. Auf Ehre! encore un coup, mon cher ami, ich glaube sogar, daß ich unvermutet auch die Definition von Dezenz gegeben habe; das muß man glauben, und man ist dezent. Von dem »Getrenntansehen« mit den Weibern könnt' ich Ihnen noch vieles sagen. Es wird aber lang: und das ist häßlich. Sowenig man sich groß machen kann, so wenig kann man aus seinem Geschlechte; Philinen trennen sich aber gerne von allem, was esprit de faction et de corps, Zunft oder solche Titel führt; streitet aber Zunft gegen Zunft – und sie sind einmal im Elend –, so streiten sie in ihrem Gliede, weil es besser, anständiger, und klüger ist, und man seine National-Uniform hier mit zur Welt bringt, und sie überhaupt alle stehenden Armeen hassen, und den ewigen Frieden, wie die göttliche Vernunft, eingeführt wissen möchten, die Mensch zu Mensch als Mensch sprechen läßt. Denken Sie sich da nur recht viel Kluges hinein, ich mein' es klug . . .

Dienstag, den 16. Februar 1805

Mit dem man sein Leben verleben möchte, dem kann man nicht schreiben! Welchen Gedanken, welches Aufatmen möchte man ihm nicht sagen, nicht zeigen? Der könnte unser Zeuge sein, unsere Existenz bekräftigen! Und in zurückgescheuchter trüber, fast unerkannter Angst verschwenden wir artig die Tage, lassen uns frisch darauflos vernünftig nennen, und sind wahnsinnig aus Zagheit. Das Staatenleben – Leben ist zu umfassend – ist aber so angetan, daß auch das ganz recht ist; man kommt zu seinen Resultaten, aber in lauter Entbehren, ausgeschlossen aus dem Paradiese, wo man sich Luft, Speise und Gefährten selbst suchen darf: das frische gesunde, sich nie trügende Herz wird Begierde genannt, nach einer Art von Kinderstube, Kerker oder Tollhaus verwiesen: und so gehen wir grau durch Städte nach dem Kirchhof. Gott, wie komm' ich darauf! Ich will es Ihnen sagen. Ich fühle eine ganze Tränenflut in der Brust über dem Herzen; und jedes erinnert mich an alles. Nichts erscheint mir mehr einzeln: ich fühle mich ganz gefangen und mein Geist ist reger als je. Mit dem höheren Leben tröst' ich mich nicht! Ein schönes Erdenleben würde das nicht ausschließen. Es erhöht und schärft jeder Augenblick mir das immer inniger tiefe Gefühl des unzufassenden Verlustes! Unsere Organe sind zu endlich, es zu fassen; und höhere Wesen haben gewiß eine Trauer über uns, der wir unfähig sind, und die ich wie errechne! – Das Kälteste, das Wenigste, was Menschenkinder können – der große Schmerz, der große Verlust, die Unmöglichkeit, sich aus der vorgefundenen Verwirrung anders als sterbend, abscheidend, trennend, vereinzelt, zu scheiden, macht den Tod ja nur möglich. Verstehen Sie dies so umfassend, als sie können: in Bezug auf Menschenverkehr, auf die tiefsten Anlagen und Bedürfnisse des Herzens, auf die Natur, die wir einstweilen die tote nennen, auf jede Organisation. Sie sehen, ich weiß es wohl, warum Sie mir nicht schreiben! Sie haben ein großes Glück. Seiner Geschichte nach, wovon man die letzte unverstandene Ankunft der Erscheinung chance nennt, und seinem innern unendlichen Werte nach! Welche Freundin haben Sie gewählt, gefunden und empfunden! Ich verstehe einen Menschen, Sie ganz. Vermag es, wie doppelt organisiert, ihm meine Seele zu leihen, und habe die gewaltige Kraft, mich zu verdoppeln, ohne mich zu verwirren. Ich bin so einzig, als die größte Erscheinung dieser Erde. Der größte Künstler, Philosoph oder Dichter ist nicht über mir. Wir sind vom selben Element. Im selben Rang, und gehören zusammen. Und der den andern ausschließen wollte, schließt nur sich aus. Mir aber war das Leben angewiesen; und ich blieb im Keim, bis zu meinem Jahrhundert, und bin von außen ganz verschüttet, drum sag' ich's selbst. Damit ein Abbild die Existenz beschließt. Auch ist der Schmerz, wie ich ihn kenne, auch ein Leben; und ich denke, ich bin eins von den Gebilden, die die Menschheit werfen soll, und dann nicht mehr braucht, und nicht mehr kann. Mich kann niemand trösten: solch' weisen Mann giebt's nicht: ich bin mein Trost; nun giebt es noch das Glück! das ist aber wie beleidigt von mir: und ich fühle auch, ich beleidige es. Das Glück definiere ich Ihnen ein andermal. So ungefähr steht's mit mir. Lebten Sie in einer Stadt mit mir, Sie hätten einen unendlichen Genuß! Sie können sich das ewige Erblühen meines Lebens gar nicht denken. Aber Sie müßten sich die Strenge gefallen lassen, mich nur zu sehen, wann ich will.

Sterben Sie nur nicht! das hängt ganz von Ihnen ab.

Ich will mich gewiß nicht so vergessen. Ein Mensch wie wir kann nur aus inadvertance sterben; das fühl' ich aufs lebhafteste. Auch giebt es eine andere Art, das Leben zu erhalten; es giebt Tropfen auf andern Sternen, die allein hinlänglich sind, ein von Erde gesponnenes Leben zu erhalten. Den Umschwung, die Nahrung des begriffenern, gröbern Lebens, usw.!!! Sei'n Sie nicht ängstlich! Ich bin gewöhnlich gelassener. Wenn ich aber an Menschen schreibe, geschieht es mir, das der schwer erfüllte Horizont meiner Seele losgewittert. Himmlische Menschen lieben Gewitter . . .

Berlin, den 20. April 1811

Ich danke Ihnen recht sehr, lieber Veit! Weil sie mir gratulieren. Was hilft es aber, mein Freund, mit fremden Augen in die Glückseligkeit schauen! wie der englische Dichter es ausdrückt –, die Stimmung in diesen Zeilen wird der Revers von der sein müssen, die mein Bruder hierhin gesetzt hat; und so wird doch ein Ganzes sich zusammenfinden, wenn auch kein Gleichstimmiges. (Ich kann jetzt gar nicht mehr schreiben, weil, sowie ich nur die Feder in der Hand habe, mir die tiefsten Meinungen des Geistes und Herzens entfahren und gar nichts anderes mir zu Gebote steht. Diese aber sind meist kritisch, oder lyrisch; und beides schickt sich, fühl' ich wohl, nicht für mich; die ich Weib, alt, und Mädchen bin, und sein soll. Aus diesem Gesichtspunkte bitt' ich Sie, die Erklärung – déclarations – woraus dieser Brief nun bestehen wird, anzusehen.) Wissen Sie also, daß ich nichts von dem, was ich getan, und ganz besonders, von dem, was ich unterlassen habe, bereue; daß ich streng eben so denke, wie ich von je gedacht habe, und wenn ein Unterschied statt hat, es nur eine Modifikation ist, eine Entwicklung und Begründung meiner eigenen Natur; das ist, umfassendere, deutlichere, ineinandergreifendere Gründe für meine Meinungen und ein Schärfen aller meiner Zu- und Abneigungen. Ich bin ungelehrt wie immer; »verstehe aber, was kluge Männer sagen«; und Geschichte der Dinge, womit Denker aller Art und wissenschaftliche Leute sich beschäftigen, ist für mich auch Geschichte, interessant, und auch der Gegenstand meiner innern Beschäftigung. Und das von Natur, und trotz – nicht durch – Umgebung: also fruchtbar für meine Seele; und glücklich. Nun werde ich Ihnen in zwei Worten deutlich sagen können, wie es mir äußerlich geht. Es mögen nun wohl zehn Jahre sein, daß ich Ihnen sagte: »Sei'n Sie überzeugt, daß in meinem Schicksal sich nichts geändert hat, solange ich noch auf der Dachstube lebe, und Line habe.« Von der Dachstube kam ich durch ungünstige Umstände, vor anderthalb Jahren. Line habe ich noch. Und wenn ich dem Glücke nicht danken kann, so halt' ich mich für überzeugt, liegt der Punkt des Zaubers darin, daß ich nicht beide behielt, bis ich sie zugleich loswerden konnte. Ich bin tief-gründlich abergläubisch; und sage Ihnen also das hier im größten Ernst. Vernunftwidrig, und mit Gewalt, konnt' ich in dieser Sache nichts tun: das erlaubt, und glückt nur einem andern Wesen; absolut, nicht meinem: also auch eine mutige Wahl würde mir nur Unheil gebracht haben; stellen Sie also keine Frage hierüber an. Ich habe große Krankheiten ausgestanden. Alle meine Kräfte und Funktionen verwirren sich. Jetzt neigen sich in unzähligen Wellenschlägen diese Übel zur stillen Fläche der Gesundheit; und es ist kein Scherz: mein Körper – die Körperseele – frägt gewissermaßen Geist und Herz, ob er wohl weiterleben soll? Ich sehe das ganze Jahr meinen Arzt nicht. Vorigen Sommer kurierte er mich schlecht, und trotz ihm wurde ich besser; ich sollte weiterleben: der Vorrat von Leben war da! Nun wissen Sie das über mich, was in geschriebenen Worten zu fassen ist. Antworten Sie mir so, daß ich das auch von Ihnen erfahre! Und glauben Sie, daß Sie selbst mich nicht gegen Sie verändern können.

Rahel

Das Papier war fettig! Gräßlich. – Ich kenne vorzügliche Menschen. Sie sind mir auch gut und lieben mich zu sehr, wie einen Fels, wie Wolkengebilde und sturmbewegte Wolken, und dergleichen. Keiner herbergt den Menschen in mir; wo sie doch alle untertreten! Dies ist die Wahrheit.

Briefe an Rebekka Friedländer

Mittwoch, den 21. Mai 1807

Wer mich verkennt, beleidigt, kennt mich nicht; ist kein Mensch, ist eine Sache für mich. – Wir sind alle nicht exquis: und wollen immer, wenn wir nur können, sehr sanft sein! Es macht uns ruhig. Und da uns alle einmal die Erde einschließt, und wir auf ihr beinah in einem Kampf, oder Druck bleiben; so wollen wir uns wie Einen ansehen, und unsere Krankheiten, wie die unserer Glieder, pflegen, heilen, schonen, vermeiden, ertragen. Wie moralisch! wie sanft! Mir kommt's aber heute so vor. Kann ich mich für eine jähe Beleidigung, für eine Effronterie, nicht gleich rächen, so vergeht sie für mich. Was soll ich machen! – Es war nicht viel, da es geschehen konnte! Die Gemüter gehörten Ihnen nicht; mir auch nicht; und solche ändern sich nie sehr; es lag in den Umständen, daß es möglich war; und dies sind die Minister der Götter, sie tragen uns, wenn wir nicht kämpfen, wenn wir uns darauf hinlegen. Kurz, leicht, leicht: und lieb! lieb! –

Sonnabend, den 19. September 1807

Was mir noch lieb ist: ist, daß ich mich kennen gelernt habe. Der letzte Beweis meiner Stehekraft soll mir ferner dienen, mich noch mutiger zu machen; mutig, durchaus Unwürdiges nicht an der Stelle von Glück zu dulden. Wer nur im Herzen lebt, und aus dem Herzen giebt, soll gar nicht schlechte Münzen annehmen. Aus der Welt hat mich Geburt gestoßen, Glück nicht eingelassen, oder herunter; ich halte mich ewig an meines Herzens Kraft, und an was mein Geist mir zeigt. Dies ist der mir von der Natur angezeigte Kreis: und in dem bin ich mächtig und die Andern nichtig.

Wäre ich nur über gewaltsamen Tod, cachot, Operationen und Blindheit weg. Dann stünd mir der Tod – die Welt offen. – Es ist alles, wie es ist; das heißt »anders«.

Freitag, den 11. Dezember 1807

Mit Schrecken nahm ich gestern, in einem Tage, wahr, wo meine Nerven frei und ich aufgelegt zur Beschäftigung war, und mir Kräfte dazu glaubte, daß ich's nicht vermag; und daß mich meine Krankheit unfähig gemacht hat! Ich war mit Vergnügen bis halb elf allein und wollte etwas tun, und tat auch manches: aber wie ward mir nach einigen Stunden! Ganz schlecht; und daher auch meine Nacht und mein Morgen! – Also die einzige Rettung, das, was ich für mich vermöchte, Fleiß, den kann ich nicht ertragen; und alles andere kann ich mir nicht verschaffen! Ich muß also alles wie Wetter ohne Schirm über mich ergehen lassen; und ich kann es grade nur so machen, wie ich es mache. Tiefe Gefangenschaft, und dabei noch Tadel, und Rat, von Feinden, Freunde genannt; und von Leuten, die nicht an mich denken, Feinde genannt! Und helle lichte Einsicht. Aber auch welche Ergebung! dies ist mein ganzer Glaube, mein ganzer Kultus! meine tiefste Meinung, die ich nicht auszusprechen vermag, und nicht aussprechen sollte! – Alles ist so, wie es ist – und nur Kleinigkeiten, kleine Momente von Ewigkeiten existieren für mich. –

Briefe an Karl Gustav von Brinckmann

Berlin, den 8. Januar 1808.
Freitag abend um 8 Uhr

Lieber Brinckmann! Wie ist alles anders! O! dürft' ich reden! vermöchte ich es auch! Sie sind der erste Mensch – außer Bruderbriefe nach Hamburg – dem ich seitdem ein Wort schreibe. Als ich Ihren letzten, vierten Brief vom 27. November 1807 bekam, konnte ich vor Fieber ihn kaum lesen; schreiben, lieber, alter, wahrer Freund, kann ich noch nicht. Mir stehen die lichten Tränen bei diesen Worten in den Augen. O! Gott, was ist geworden, seit ich zu einem solchen nicht sprach. Wie vermehrte Ihr Brief, Ihr sanfter, deshalb verwundernder Brief, mein Fieber! Schuldig scheine ich nur: aber ist das nicht tausendfach genug? Verließ ich Sie nicht scheinbar – und was haben Menschen anders – im Leben – was haben wir anders als das bißchen Überfahrt! Aber niedrig bin ich nicht geworden. Weil es mir gut geht, ist es nicht geschehen. Ich schrieb aus Furcht nicht! denn niemand hat wohl die mehr ausgestanden als ich. Wer glaubt wohl auch an mehr Möglichkeiten! Alles ist nicht geschehen, als bis es beim Tee erzählt, in den Zeitungen gelesen wird. Ich getraute mir den gleichgültigsten Brief nicht zu schreiben: und jedes freundschaftliche Wort erstockte mir im Herzen; der einzige Gedanke, daß die Briefe gelesen würden, machte es mir unmöglich zu schreiben. Unser dicker Freund brachte mir zwar Ihren großen Brief, und versprach mir eine Gelegenheit, Ihnen antworten zu können; aber er hielt mir nicht Wort; und weiß sich vielleicht noch gar in seiner Seele etwas damit . . . Bei meinem »Teetisch«, wie Sie es nennen, sitze nur ich mit Wörterbüchern; Tee wird gar nicht bei mir gemacht, außer alle acht oder zehn Tage, wenn sich Schack, der mich nicht verlassen hat, welchen fordert. So ist alles anders! Nie war ich so allein. Absolut. Nie so durchaus und bestimmt ennuyiert. Denken Sie sich, ennuyiert! Denn nur Geistreiches, Gütiges, Hoffnunggebendes kann eine so Ge-

kränkte, eine so Getötete noch hinhalten. Alles ist aber vorbei! Im Winter, und im Sommer auch noch, kannt' ich einige Franzosen: mit denen sprach ich hin und her, und wir sprachen das ab, was fremde gesittete, literaturliebende und -übende Menschen, die nicht eines Landes sind, absprechen und abstreiten können. Die sind alle weg. Meine deutschen Freunde, wie lange schon; wie gestorben, wie zerstreut! In diesem Augenblick sehe ich nur meinen zweiten Bruder, der mit mir bei meiner Mutter wohnt, und den Mann, der bei uns einquartiert ist. Eine Art von Gualtieri. (Er heißt Bribes.) Ohne Deutsch natürlich; aber doch eine Einmischung; denn er ist von der spanischen Grenze; ganz südlich, schöne Anlagen, sogar zum Denken, aber höchst verschlagen, ich meine wie ein Schiff; weit weg, und wieder sehr nah. Unsere, ich kann sagen meine Deutschheit macht ihn sehr stutzig, und des Streitens über alle Gegenstände in der Welt, und des Geistes, hat gar kein Ende! Er hat auch Geist, aber meiner beunruhigt ihn; und jeder Frau ihrer könnte ihn ärgern. Nun sehen Sie ihn vor sich! nicht wahr? Er wohnt beinah schon seit drei Monaten bei uns, und es ist nicht abzusehen, wann er geht. Er ist hübsch, sehr natürlich, nie affektiert. Äußerst empfindlich; ich gehe wie ein Löwenwächter mit ihm um. Sehen Sie es nicht? Er haßt mich etwas; aber er braucht mich doch. – Wie sehr mir dies alles Seele, Herz, Geist und alles, was man sonst noch hat, brach läßt, beweist mir mein unsäglicher, unausdrückbarer Ennui! Denn außer diesen beiden Menschen, darum beschrieb ich auch den Ihnen Unbekannten, und Madam Friedländer, die noch immer krank ist, sehe ich niemand. Pauline sah ich bis jetzt; nun auch nicht mehr.
Dies alles mündlich ...
Wann, Brinckmann, kommen Sie denn her! Wird denn das nicht wieder? Glauben Sie wenigstens, lieber Freund, daß kein Wort in Ihren vier himmlischen Briefen verloren ging; Spaß, Ernst, Trauer, alles ging nach seinem Orte in meiner Seele. Ich bin wie ich war, Brinckmann; die Schläge haben das Alte in mir gestählt, und bewährt, und mich wahrlich neu, und weiter urbar gemacht. Ich bin noch des Scherzes, der Freude und des höchsten Leides

fähig, nur ganz umwerfen kann mich nichts, denn ich liege. Auf eines bin ich fast stolz. Der Ausgang der Dinge ändert meine Meinung eben nicht. Wenn ich bei Ihnen säßte, hätte ich Ihnen manches Erfreuliche über den inneren Menschen mitzuteilen. Was die Welt betrifft, das helfen Sie ja sogar machen, oder zusehen. Über Zufälle, die uns Freunde raubten, wollen wir schweigen. Einer hatte einen Freund, und der war ich. Unsere Stadt ist wenig modifikabel und sehr modifizierend; ich hatte immer eine Ahndung davon, die ich auch verschiedenerweise ausdrückte, jetzt habe ich die klarste Überzeugung. Es ist noch ohnehin die sittlichste, vielleicht in Europa. Und an gewisse Augenblicke denke ich mit Rührung. A. Humboldt sah ich viel; er kennt mich wenig, und goutiert mich gar nicht . . .

Sonnabend, den 9. Januar,
mittags um 12 Uhr

Lieber Freund, schreiben Sie mir aber: Sie glauben gar nicht, welche Nahrung und Beschäftigung Ihre Briefe für mich sind. Sogar (dummes Sogar!) der Witz ist abgestorben. Wenn Sie nur wüßten, wie ich Sie mir täglich auffrische, wiederhole, und um mich herstelle!

Ihren rührenden Scherz, die gütige Kinderlaune, die ehrwürdige, liebende Jugend, den freundlichen Ernst, das komische Gehenlassen, die ewige, feste, sittliche und tief von mir verehrte Sicherheit! Sie wissen, daß ich für Gehenlassen, bei dem, der es darf, den größten Sinn habe . . . Aber auch ich habe Ihnen unzählige, und bei Gott bessere, und zärtlichere Briefe geschrieben als diesen. Und unter welchen Martern; denn dachte ich nicht ewig dabei, er bekommt ihn nicht, du behältst es nicht; ach! und was denkt er unterdes von dir. Ganze Regionen von Gedanken und Meinungen richten sich nur an Sie; und alle übrigen kann ich Ihnen auch sagen. Tat ich es bis jetzt nicht, so war das ein Rest von Jugend. Ich schwieg mehr, als ich jünger war: wenn auch nicht überall, doch über mich. Nun aber, da alles verloren ist, kann man ja als Gemälde-Ausstellung einem Kenner und Kunstliebenden alles sagen; das lasse ich mir nicht weiß machen, daß die, welche nichts von Kunst wüßten, die Natur recht liebten: wie Tieren traue ich ihnen nie! sie sind zahm, solange sie nicht beißen; ich aber sehe sie zum Aufspringen immer fertig. Ich bin bei diesen Zeilen recht traurig geworden. Gott! hab' ich denn alles verspielen müssen! Alles verlieren, bis auf freundlichen leisen Umgang? Nun, wir werden uns ja wohl noch einmal sehen: und dann will ich's versuchen, Ihnen mein ganzes Leben in eine kurze Erzählung zu drängen. Es ist nur noch trauriger, daß es keine Titel hat – Unglück ohne Titel und ohne Rächer und Teilnahme – man zählt es für nichts! – Ein Tropfen Blut, und alle Tribunale, alle Zeugen stehen auf; ein blauer Fleck wird geahndet! Nur nicht, was mir geschehen ist. Es tut mir leid, daß so allerhand in meinem Briefe vorkommt: aber es geht nicht anders, und auch darum schreib' ich oft nicht: von Haus zu Haus, da kann man beim Scherz bleiben, da schreibt man sich des Tages Vorfall und seine Narrheit, und da ist selbst Ernsteres nicht so erdrückend und schwer an seiner Stelle, denn die Welle nimmt es mit; aber ein solcher Totengräber, wie dieser Brief, muß, wenn er etwas wird, schmerzhaft werden! Verzeihen Sie ihn mir. Ich muß Ihnen aber doch sagen, daß ich den Sommer, das Wetter, und die Luft und das Feld, genossen habe, wie noch wenige in meinem Leben. Vom Winter der Verzweiflung nah, und ganz vermagert, sah ich wieder einem eingemauerten Sommer in Berlin entgegen, wo ich abends um elf mit dem Bedienten ein bißchen durch die Straßen gehen würde – so ist seit vielen Sommern meine Lage; – ich war allein und wollte es nicht mehr dulden: auch ging meine Gesundheit zu Ende. Ich fuhr mit einemmale nach Charlottenburg hinaus, einem meiner liebsten Orte in der Welt; – mietete mir Stube, Kammer, Küche, für sechs Taler monatlich in der Schloßstraße, ich hatte noch weniges Geräte von der Bleiche, besorgte das hinaus. Und nach dem schweren Augenblick fühlte ich mich wirklich glücklich, und glücklich, daß ich dieses Gefühl für Luft und Grünes, dieses Zufalls noch habhaft werden konnte. Ich glaube, es war mein letztes. Der August taugte schon nichts. Hitze tut mir wohl; wir waren, außer zum Schlafen und Essen, immer im Garten. Nur wenige Schritte wohnten wir davon. Ganz Charlottenburg kannt' ich: nämlich Arme. Mündlich von diesem rührenden Aufenthalt. Schreiben Sie mir, Brinckmann, wenn ich auch nicht so sehr gut schreibe; auch literarisch kann niemand Ihre Briefe besser schätzen, beurteilen und goutieren als ich. Apropos! ich habe einen Brief von Roux an Pauline gelesen, der mich sehr lachen machte. Der hat ja Sprache, Ansicht, Ausdruck, alles, im Deutschen von Ihnen angenommen. Und es war dem Bettler – wenn ich dem Armen sage, ist es zu zweideutig – nicht genug, wirklich verliebt in Pauline zu sein; er mußte noch den Ausdruck von Ihnen dazu borgen, der sich geflissentlich nur, und andern, das, was sie von Grazie und Eigenheit und Wahrheit in sich hat, so zu vergegenwärtigen, und darzustellen belustigt. Unwissender Bettler! Ich setze ihn nicht zu sehr herab; fürchten Sie nichts! Sie aber, stellen Sie ihn auf keine Orte, wo er das Genick herunter bricht, wenn Urteil vorbeistreift . . .

Berlin, den 11. Januar 1813.
Morgens um 10 Uhr bei beschneiten Straßen, in der Behrenstraße, schräg dem Kasino gegenüber, gleicher Erde, No. 48

Lassen Sie dieses Blatt ein Morgenbillet werden, da es unmöglich, ohne meine Seele auf das Papier zu bringen und meinen Körper zu vernichten, ein Brief werden kann. Zu viel Zeit, mit allem, was sie bringen kann, ist verflossen; zu viel Neues, Verwirrtes, Großes ist geschehen, sperrt den Rachen über uns auf; als daß die größte innre Klarheit, das deutlichste Bewußtsein, was ich kann und will, in ewigen Kriegen gegen mich selbst als Beute errungen, mir nur irgend genieß- oder nutzbar wäre. Denken Sie sich mich reifer, fortgeschrittener, erdrückter, aber eben wie sonst; und, ließe man mir Luft, vergnügt und kindisch. Gesund, mäßig. In angenehmen Verhältnissen, gar nicht. Furcht, über die Maßen. Vor jeder Zukunft. Dies von mir! Die Nachschrift von mir ist das, daß ich heute vielleicht am wenigsten bereitet und gemacht bin, nur irgend zu schreiben, und am allerwenigsten Ihnen, der mir alles Alte zur höchsten Paralysierung des später Ereigneten zurückruft; und dem ich es doch plötzlich und in allen seinen Details gleich übergeben möchte ... Ich bin weder böse, noch erstaunt, daß Sie nicht schreiben: man kann nur viel und mit Annehmlichkeit schreiben, wenn man denselben Vormittag Antwort haben kann. Das wir dieselben sind, brauchen wir uns nicht zu versichern; oder es wäre gar nicht wahr. Gestern abend trank ich Tee bei Schleiermachers, dessen Frau meine liebe Freundin ist, mit Gräfin Voß und Herrn von Marwitz. Mein Intimer. Er ist in Potsdam bei der Kammer, und oft in Berlin. Gräfin Voß war sehr liebenswürdig, ganz einfach und recht hübsch; ich liebe sie noch immer sehr ... Von Gentz habe ich vorige Woche, durch Gräfin Voß, seit Jahren einen liebenswürdigen kindischen Brief erhalten. Ich bin eingenommen von ihm wie sonst. Humboldt haßt mich jetzt wieder: er war das letztemal in Berlin, ohne mich zu sehen. Die Herz lebt und sieht aus wie sonst. Christel war diesen Sommer hier, mit den alten Augen, der alten Miene, der alten Indolenz, der alten Unschuld und Verschmitztheit. Wir sprachen viel von Ihnen: auch gestern drei Viertel des Abends. Ich wohne allein, meine Mutter ist im Oktober drei Jahre tot. Schlimm für mich! Meine Schwester hat nur das eine Kind; und ich sah sie auch in der Zeit nicht wieder. Hannchen ist eine große Demoiselle, Fanny geht noch in die Schule. Gute, brave Kinder. Meine Brüder sind alle in Berlin, der jüngste verheiratet mit einer Demoiselle aus Polen. Sie ist artig, gut, und unschuldig. Erzogen wie die hiesigen Mädchen. Leben Sie wohl! Und arbeiten Sie dran, wenn erst der Regen dieses Gewitters riechen wird, nach Deutschland zu kommen. Sollte ich von den Erschlagenen sein, so denken Sie, es kam ihr nicht unerwartet, sie hatte namenlose Furcht; ohne Aussicht auf Freuden. Gott schütze uns! Sehen Sie meine Stimmung in diesem Morgenbillett? Adieu!

R. R.

Robert heiße ich jetzt. Noch eins! Die Bethmann ist wohl, und wird älter; und hat noch ein großes Publikum.

Briefe an Friedrich de la Motte-Fouqué

AN FOUQUÉ IN NENNHAUSEN

Dienstag, den 31. Dezember 1811

Eine gedehnte Unpäßlichkeit, die mir grad das Schreiben unmöglich machte, hielt mich ab, Ihnen zu antworten, welches mich recht peinigte, weil ich mich mehr als je gedrungen dazu fühlte. Ich bin noch nicht schreibefest, Sie müssen also nachsichtig vorlieb nehmen!

Sie haben schon richtig gefühlt und gewählt: ich bin wohl Ihres Zutrauens wert. Was Sie in Ihrer Seele erwägen, und mir die Ehre erzeigen darzulegen, erwäg' ich mit, und mit einem Ernste, als wäre es für meine eigene Seele: wie es denn auch ist. Ich fange damit an, mit Ihnen darin übereinzustimmen, daß die beiden Teile Ihres Briefes ganz und gar nur zwei Teile eines Ganzen sind, und also gewiß zusammengehören: nur muß ich, meinem Triebe nach, auf den zweiten zuerst antworten.

Wie können Sie nur glauben, daß irgend ein Mensch – nicht »ich« –, wie Sie zu mir sprechen, »eine Kraft, eine Klarheit« in sich habe, die ihn über »die schrecklichen Abgründe« emporhielte? Er schwebte ja doch nur! und ist das der forschenden Seele genug? Kann irgend eine Philosophie, ein Denken uns über uns – die Grenze unsers Seins – hinausbringen? Müssen wir uns nicht auf Gnade und Ungnade ergeben? Einem persönlichen Wesen, von dem uns das moralische Dasein (ich bin gräßlich von einem Kinde gestört worden, welches seine Lektion bei mir macht!) ganz und unteilbar und unzerstörbar überkommen ist, wie die sichtbare Welt, in dessen Schoß wir flüchten, und dem wir ein tausendfach entzündetes Herz gezwungen sind zuzutrauen, wovon ein glimmendes Fünkchen auch unser Dasein ausmacht?

Ein großes Urherz, worauf sich unseres bezieht. Der Menschen Gedanken können weit schweifen; und sich in engem Kreise, und in der Tiefe verwirren. Das wissen auch Sie, aus Beobach-

tung und eigner Brust. Davon kann man »lernen, die Mitmenschen nachsichtig, und sich selbst strenge zu betrachten«. Jedem echten Menschen traue ich das zu; man hat sich ja gar nicht, wenn man sich nicht streng faßt; man hat keinen andern, wenn man ihn nicht mit Liebe faßt. Daß wir uns selbst lieben, dafür hat Gott gesorgt; wir können uns nicht entkommen, sonst wichen wir von uns selbst. Doch haben Sie recht; man kann täglich nachhelfen an Strenge gegen sich, und Nachsicht für andere; im kleinen fehlt man doch! Gott segne Ihnen in aller Ewigkeit Ihr Glück! die Offenbarung gefunden zu haben. Diese Gnade ist dem Geschenk des Daseins zu vergleichen, und ist wie dies so positiv und wirklich, daß kein Wort mehr dazu paßt. Dies Glück muß jeder, der einen Begriff davon haben, ein Bedürfnis dazu fühlen kann, in tiefstunterworfener Demut abwarten; und, mit gedoppelter Kraft, das Große auch im Dunklen ehren. Auch eine göttliche Aufgabe, für seine Menschen! Ich bringe Ihnen ein großes Opfer, Fouqué! solche Worte aus meiner Seele zu lassen; ich tue es, weil ich Ihnen nur durch solche zeigen kann, wie ehrlich ich es gefühlt habe, welche hohe Gabe von Veneration Sie mir darbrachten; und weil man über solche Dinge nicht ungewiß bleiben muß, was aus ihnen geworden ist, wenn man sie ausgesprochen hat!
An »Indifferentismus« habe ich nie gelitten. War mir etwas indifferent, so wußte ich nichts davon, und es berührte mich nicht. War mir etwas wichtig und wurmte mir, so verhehlte ich's wohl, aber ich verleugnete es nicht. Meine Erziehung, die keine war, hat wohl dazu beigetragen. Mir wurde nichts gelehrt; ich bin wie in einem Walde von Menschen erwachsen, und da nahm sich der Himmel meiner an: viel Schmutz und Unwahrheit ist nicht an mich gekommen. So kann ich aber nun auch nichts lernen. Auch keine Religion, und erwarte auch die von oben. Nämlich den Namen zu meiner, oder eine neu offenbarte. (»Abhängig von den Menschen« bin ich nur, insofern sie mich lieben sollen, und ich mit ihnen leben muß; mein Herz und meinen Geist kann niemand als durch Gründe regieren. Ich verstehe also den Ausdruck von Ihnen nicht, wenn Sie sagen, Sie

waren sonst abhängig von ihnen.) Können Sie also Marien einen positiven Glauben über positive Ereignisse zu ihrer ewigen Ruhe beibringen, so tuen Sie es. Wird es ihr aber, ohne jene Systeme wie Sie durchgegangen zu sein, nützen, wie es Ihnen jetzt nützt? oder sie davor schützen, daß nicht geschieht, was Ihnen geschah? Das sagen Sie mir; und, kann ein Mensch dem andern – ohne Offenbarung – ein Religions-Gefühl, -Meinung, und -Ansicht beibringen? Ist das nicht der letzte intime Akt zwischen der Kreatur und dem, was ich nicht nennen mag? Oder wollen Sie sie nur vor Dünkel und Unwahrheit, und Verleugnen des Furchtbaren schützen? In jedem Fall bin ich schon Ihrer Meinung, daß sie die Bibel lese! Wonach ich auch stehe; ich Waldmensch. Ich kann keine kriegen. Nur, um Gottes willen! Lassen Sie sie das Große, Göttliche, Unendliche selbst finden. Wie frevel-sündhaft! den Menschen nicht alle Fragen, nicht solche Entdeckungen selbst machen zu lassen! Adieu für heute; es ist schon ganz dunkel. Morgen schreibe ich Ihnen noch.
Noch eins! Aber ganz etwas anderes! Ganz! Wenn ich so in das Fouquésche Schreibehaus hineinschreibe, es ist doch ganz ehrlich und naiv von mir! Ich weiß wohl, daß ich Ihnen lesenswerte Dinge schreibe; aber meine Worte, und Ihre! Wie exerzierte Soldaten mit schönen Uniformen steht alles von Ihnen da; und meine, wie die zusammengelaufenen Rebellen mit Knittlen! – Auch ändere ich mich nicht. Weil ich nicht kann; ich begreife nicht, warum nicht.

Briefe an Pauline Wiesel

Berlin, den 12. März 1810.
Abends halb 9. Dienstag

Es ist eine Schandtat, daß ich Ihnen nicht schrieb: ein Unglück; ein Unglück wie jede Schandtat! Teure geliebte Freundin, und Freund! Weh! – mein wundes Herz weint dieses Weh! – Weh! daß unser Leben wegrinnt, ohne daß wir zusammenleben. Sie sind allein, getrennt von mir, und ich bin allein, entfernt von Ihnen. Nur einmal konnte die Natur zwei solche zugleich leben lassen. In diesem Zeitalter. Alle Tage sehe ich Sie, und die Natur, und mich, mehr. Entfernt von Ihnen, tue ich nichts, als mir jedes Wort, jede kleine Tat von Ihnen repetieren, jede Äußerung, und glauben Sie, zu nennen weiß ich die Prinzipien Ihres ganzen Wesens, Ihres Seins, besser als Sie selbst: es ist nur ein Unterschied zwischen uns, Sie leben alles, weil Sie Mut haben, und Glück hatten: ich denke mir das meiste; weil ich kein Glück hatte, und keinen Mut bekam; nicht den, dem Glücke das Glück abzutrotzen, es ihm aus den Händen zu ringen; ich habe nur den des Tragens erlernt; aber groß verfuhr die Natur in uns beiden. Und wir sind geschaffen, die Wahrheit in dieser Welt zu leben. Und auf verschiedenem Wege sind wir zu einem Punkt gelangt. Wir sind neben der menschlichen Gesellschaft. Für uns ist kein Platz, kein Amt, kein eitler Titel da! Alle Lügen haben einen: die ewige Wahrheit, das richtige Leben und Fühlen, das sich unabgebrochen auf einfach tiefe Menschenanlagen, auf die für uns zu fassende Natur zurückführen läßt, hat keinen! Und somit sind wir ausgeschlossen aus der Gesellschaft, Sie, weil Sie sie beleidigten. (Ich gratuliere Ihnen dazu! so hatten Sie doch etwas; viele Tage der Lust!) Ich, weil ich nicht mit ihr sündigen und lügen kann. Ich weiß ganz Ihre innere Geschichte. Jede Beleidigung, die Sie der Gesellschaft zufügten, obgleich sie in Ihnen gerechtfertigt war, verwunderte Sie selbst: ich weiß Schritt vor Schritt, wie es gekommen ist. Gerne wären Sie »ein häusliches Weib, herzten und küßten den Mann«, wie Goethe im Distichon sagt; aber es ging nicht. Und wohin mit dem entsetzlichen Vorrat, mit dem Apparat von Herz und Leben! Empfindsam sich selbstzerstörende, opfernde Nonnen sind nicht alle Menschen. In den Krieg möchte man ziehen, ich auch so, um Nahrung für den Anspruch zu suchen, mit dem einen die Natur hinaus ins Dasein geschickt hat. Beim allgerechten allmächtigen Gott, auf hohem Richterstuhl, man zieht für weniger in den Krieg! und geehrt wird man dafür! Hätten Sie ein Herz in Wiesels Busen gefunden, Sie hätten nimmer ein anderes gesucht. Dieser aber räsonnierte in seinem Mangel, und seinem unglücklichen Überfluß von Worten, Ihren zu spät ausgebildeten und zu furchtsamen Geist weit in die Irre. Ihr besseres Bewußtsein lebte immer nebenher. Ich weiß alles. Zum Leiden ist Ihr starkes Herz nicht gemacht. Es muß gleich andere Beschäftigung haben: so auch Ihre Augen, Ihre Sinne. Ich kenne Sie ganz: weit mehr, Pauline, als Sie, als je ein Mensch denkt, daß man einen Menschen kennen kann. Auch über Prinz Louis hatten Sie recht. Sie wissen, wie ich ihn liebte: auch den studier' ich noch nach; »er hat nichts Generöses«, sagten sie oft. Im Augenblick geben, meinten Sie, und allerlei. Aber ich kenne das Prinzip in ihm, was Sie eigentlich kränkte. Ich verstehe alles nach. Auch er konnte den Grundwillen, die Grundwünsche seines Wesens nicht gewaltig genug vor seinen Geist führen, um daß ein einiges Handlen daraus hätte entstehen können. Von momentanen Zwecken war er oft wie umstrickt; und was er sich vor zehn, fünfzehn, zwanzig Jahren in den Kopf gebläut hatte, und woran sein jetziges Inneres gar keinen Anteil mehr hatte, danach glaubte er noch handlen zu müssen; oder vielmehr, ihm fehlte oft der Mut, zu zeigen, daß er ein ander Inneres hatte, andere Sehnsucht, andre Zwecke. So verwirrte er beinah jede seiner Lebensstunden mit dem feinsten, richtigsten und tüchtigsten Gemüte; und muß natürlich der klaren Geliebten minutlich Wunden geschlagen haben. Dies nun brachte Sie wieder in Gärung, und, da das Wahre hierüber nie erörtert werden konnte, auch eine Menge Falsches von Ihnen zur Sprache. Nun seh' ich alles ein. Da ich, unermüdet, in mir grabe, und bei den lichterlohen Flammen meiner Affekte mein Inneres immer mehr und mehr erschaue. So steht's mit uns; und ich kann nicht zu Ihnen! Aufgegeben aber, Pauline, habe ich es nicht! All mein Tun ist ein Arbeiten daran. Bis jetzt konnt' ich nichts tun. Nun aber habe ich die Hoffnung, daß sich etwas von unserm Vermögen realisiert, und denken Sie sich! Moritz wird wahrscheinlich heiraten. Dann bin ich wieder ganz allein auf der Erde. Von nun an seh' ich auch die Friedländer – die den Namen Frohberg angenommen hat – nicht mehr, sie ist zu unleidlich, unnatürlich pauvre von Natur, mit Prätentionen. In Gesellschaft bin ich dann und wann; keine fixierte wie sonst, die mir gefiele, habe ich nicht. Nicht einen Menschen, weder Mann noch Frau, mit dem ich spazieren gehen kann, noch je ins Theater. Unfähiger werd' ich von Tag zu Tag, mir dergleichen mit Mühe zu suchen. Auch zu stolz. Was ich so hatte, was mir so zukommt, vermiss' ich lieber aufs herbste ewig, als einen Schritt drum tun. – Moritz wohnte, außer sechs Wochen, die er in Königsberg war, den ganzen Winter bei mir, und noch. Ich habe wenig Genuß und vielerlei Ungemach davon. Ich existiere für ihn nur beiläufig. Obgleich er in pekuniärer Hinsicht für mich sorgt, und en gros edel gegen mich ist. Andere Last für mein Herz! Nun hab' ich noch den einen jungen Mann, von dem ich Ihnen vorigen Frühling schrieb, daß ich mit ihm auf dem Felde gegangen sei, und nach Ihnen geschrieen habe: meine ganze Seele liebt ihn, muß ihn lieben, weil seine Eigenschaften sie in Anspruch nehmen. Er liebt auch mich; wie man das Meer, ein Wolkenspiel, eine Felsschluft liebt. Das genügt mir nicht. Nicht mehr. Wen ich liebe, muß mit mir leben wollen; bei mir bleiben. (Campan schreibt mir noch oft, und erst kürzlich, Liebesbriefe, ich soll kommen.) Ich reiße mir also gewiß auch diesen Pfeil aus dem Herzen, und lass' eine Wunde mehr schmerzen, und heilen, und narben. Und lägen jetzt, wie eine miserable Visitenkarte, zweihundert Louisd'or neben mir, so reist' ich morgen ohne Abschied. Meine Freunde, außer Sie, denken alle, ich kann von der Luft lieben, und leben. Sie freuen sich, ein Herzspiel zu sehen wie das meinige, und ich soll ohne Liebe leben! Es ist vorbei, es ist zu viel! – Noch eins, Pauline! Ich werde alle Tage mehr wie Sie. Ich kenne noch hie und da angenehme Menschen, aber in acht Tagen kenne ich sie ganz, und dann ist's gut . . .

RAHEL AN PAULINE WIESEL IN BERN

Sonnabend, den 20. April 1811.
Den letzten Montag bekam ich
Ihren Brief.

. . . Auch ich habe große Träume; und ich erzähle sie, wenn wir uns sehen. Vor September geschieht das in jedem erdenklichen Fall . . . Sie auch lieben die Welt in all ihren Gebilden, so auch den Menschenverkehr; und mit mir diesen zu genießen, wäre Ihnen das höchste Glück der Erde. Daß Sie jetzt aber sich nur auf mich beschränken, liegt in den Umständen; nicht in der reinen freien Wahl. Wie vollgültig giebt Ihnen mein ganzes Herz recht! Ganz ebenso bin ich. Hoffnung haben wir nicht, aber zur Liebe sind wir, solang das Blut noch lebendig kreist, gestimmt. Einen Freund hat man, um den höchsten Genuß mit ihm zu beschauen, seine Existenz mitzuführen; ohne diese kann uns dieser seltene Himmelsschatz, der Freund, dieser edelste Stein in der Krone des Glücks, doch nicht beglücken, nur ersetzen muß er alles! Wir haben überdem noch eine muntere kindische Natur. Und eine Brücke, ein Baum, eine Fahrt, ein Geruch, ein Lächlen, kurz die ganze Oberfläche der Welt spricht unsere zehn gesunde Sinne an, und unsere köstlichen innren. Und so wollen wir's versuchen, es wird, es muß sich um so geistreiche, gemütvolle, unschuldige Wesen eine Gesellschaft bilden. Und hätten wir hinlängliches Geld, so erbaut' ich uns noch eine frische, lebendige Existenz. Bauren sind wir nicht. Dazu hätten wir uns zu achtzehn Jahren entschließen müssen; mit Männern wie wir. – Glauben Sie auch ja nicht übermütig in Ihren großen Überzeugungen, daß meinem Geistesblick ein Mensch, ein Gemüt entrinnt. Ich habe nie mehr an die Frohberg geglaubt als jetzt, nur erkannt' ich ihre andern

Eigenschaften, die man an ihr nicht wollte gelten lassen, und da trug ich sie besser vor, um sie zu tragen. Sie ist nur ein größerer Narr, als ich dachte, weil ich nicht so impertinent urteilen konnte und mochte. Aber ihr Gemüt, was sie fähig zu tun ist, wie wahr oder nicht wahr, wie offen für Natur, das wußte ich immer. Und so auch mit Campan. – Ich bin ganz überzeugt, und handle danach: daß die Menschen, wo sie nichts sind, gebraucht werden müssen; besonders die, die unser Bestes auch nur gebrauchen . . .

RAHEL AN PAULINE WIESEL IN PARIS

Berlin, Donnerstag vormittag 12, Uhr, den 9. Dezember 1819. Endlich viel Schnee seit gestern abend auf den Straßen, nach fürchterlichem Nordostwind-Wetter, welches mich physisch dem Wahnsinn nahe brachte.

Liebe, Alte, Einzige! Sie dachten doch immer in Karlsruhe, ich sei wirklich toll, wenn ich sagte: »Man kann mich auf dem Gendarmen-Platz, in Zehlendorf, auf dem Felde, in Leipzig, in Weimar suchen!« usw. usw.! Nun bin ich erst toll: da – man mich – hier finden kann. Dieser Fluch ist an mir wahr geworden. Ich muß ihn ausstehen, wie das Leben selbst, kann sonst nichts tun, als ihn ausstehen. Nichts gefällt mir hier: alles mißfällt mir hier; nichts gefreut mich hier – gefreut scheint mir ausdrucksvoller, so sagen sie in Österreich. – Daß keiner jemals nach seinem Orte kommt, wo er lange nicht wahr! Alles ist anders, ich allein fremd, mir alles fremd: ich ohne Beziehung, und doch in keinem fremden Ort, nichts Neues sehend, nur Verhäßlichtes. Meine größte Hauptqual ist hier: daß, was noch übrig blieb von meinem vorigen, so alt, so abgetragen, so verkrüppelt, so häßlich geworden ist. Lauter traurige Revenants; die auch mich sonst haben und gebrauchen und ansehen wollen; die nämlich, die noch übrig geblieben sind! Hie und da in der Fremde einen solchen einzeln zu finden, kann noch spaßhaft, erträglich sein, wie wir's wohl erlebten. Aber solche alte, vertrocknete, versteinerte, verholzte Massen, die den alten und doch so zerstörten Räumen, sind Furien der Vergangenheit, die einem mit Gewalt die Augen ausblenden mit den Fackeln, mit Wut uns zeigen, uns erhellen, was wir nicht sehen wollen: und an allem andern hindern! So bin ich provisorisch seit dem 9. Oktober hier; – provisorisch; also in nichts sicher und gut: auch mit den Gedanken nicht: dieser Greuelzustand ist mir noch ein Trost. Denn mit dem Frühling will ich weg. Noch hab' ich alles zu Miete in Karlsruhe stehen, was ich dort besaß: dahin will ich vorerst, und meine Sachen in Ordnung bringen. Und, spricht Gott selbst nicht einen neuen Fluch aus, hierher nicht wiederkommen. Müßte ich aber das doch, – so würd' ich's tun, wie man stirbt, verstummend. Überhaupt: die Zeit ist gekommen, wo ich nicht mehr sagen kann, wie es mir vorkommt, wie mir zu Mute ist, was ich denke und wie es mir erscheint. Mündlich ginge es noch eher an; während die Dinge vor uns vorübergehen, oder wir vor ihnen. Auch bin ich nun überzeugt, daß jedem Menschen anders zu Mute ist, als allen andern je war, noch zu Mute sein kann: und je begabter, und gedankenreicher, je feiner benervt, – je vielhaltiger und unbeschreiblicher, unendlicher, was er in sich erfahren muß! trotz, daß die Menschen sich durch Sprache verstehen; und fast schon alles gesagt ist, was man sagen kann; und dies so halbwege paßt, auf die Vorfälle und Fälle, in denen wir uns befinden. Das ganze Leben mit seinen Bildern schwindet mir immer mehr; das Herz wird matt, die Bilder reizlos für es, das einzig sie hielt, und ihnen Leben, das heißt Zusammenhang, Gestalt, Beziehung verlieh; sie wollen mir nicht mehr dienen? Ich ihnen nun wieder nicht mehr. Das Herz ist frisch; die Seele bleibt, solange wir selbst sind: aber sie will, sie muß neue Nahrung haben. Mit einem Wort! kluge Leute leben zu lange. Das sind solche, die sich nicht mit Narrheiten, mit Lügen, in ihrem eigenen Geiste hinhalten können; solche, die sich keine Resultate, vor der

Untersuchung jedes Dinges, mit Afterliebe an und in die Brust drücken: sich eine Religion, einen Gott, ihre Position vorlügen und nach ihren Bedürfnissen vorschmeicheln; die so über alles, Großes und Kleines, lügen, daß ihnen jeder Bekannte, ja beinah die Ereignisse, mitvorlügen müssen. Wäre dies eine ruse, mit Bewußtsein ausgeübt, so wäre es wenigstens Klugheit: es ist aber Albernheit, die solches zuwege bringt, und die kann man sich ebenso wenig geben als Geist, und seine Einfälle. Albernheit ist halb Stumpfsinn, halb canaillerie; Lüge Unwahrheit. Mir doch das Verhaßteste! Die Dolche in mein armes weiches Herz will ich ertragen: die Lüge kann ich nicht ertragen: die muß immer wieder hinaus, so oft auch der Lebenslauf sie heranschwemmt! – Das Wetter, welches aus lauter Nordostwind und einer mir entwöhnten Kälte bestand, tat mir sehr viel Weh an. Alles ist grau, und mißfällt mir. Ich sehe viele Menschen, und habe keinen Umgang; bin viel zu Haus. Wagen, Geld, Weite, keinen Bedienten, und keine überwindende Veranlassung. – Das Ballett ist hier gut. Stücke manchmal; die Plätze sind unbequem. – Ihre Tante sehe ich oft und sehr gerne; Viktoire ist ein sehr braves, kluges, inniges Mädchen. Wir sprechen viel von Ihnen. Beide sind Ihnen sehr gut . . .

Berlin, Mittwoch vormittag,
den 2. März 1825.
Also Nordostwind. Im Winter
war wärmliches Wetter.

. . . Sie kennen mein Leben durch früheres Mitleben. Es kostet mich, de ne vivre – d'une certaine manière – que de privations; wenn auch die Andern meinen, ich hätte nur nicht solchen erhabenen gusto! zum Elegant- und Vornehm-Leben wie sie, die sich armselig aufspreizen für gewisse Tage, um an den übrigen hinter dem doch nur elenden Schein sich noch armseliger zu verkriechen! – Wem soll ich es absparen? Nur mir. Almosen, Geschenke, Generositäten, gehen ihren Gang, mit den obliquen Ausgaben! – les imprévues, les incalculables nenne ich so. – Aber, all dies ist mir lieber als falsche Aufspannung, und

Schulden. Ich habe keine. Also Privation, und Ruhe. Und dafür noch große Dankbarkeit. Für Hoffnungen bin ich schon stumm im Innren. Aussaat in meinem Alter? (mit meinem Schicksal?) Da muß man ernten! Aber auch ich ernte. Goethe sagt; und ich weiß lange: »Wer nicht verzweiflen kann, der muß nicht leben!« Ich bin ein Meister im Verzweiflen, und nun leb' ich erst ruhig. Wenn man mir den Tag, die Stunden, die Muße nicht vergiftet, mich, ohne Vergnügen, ohne erfüllte Eitelkeit, ohne Herzensnahrung, ohne Augenweide, ohne Genuß irgend einer Art zufrieden läßt, so bin ich vergnügt. Mein jetziges Leben ist ein Ausruhen, wenn man mir Ruhe läßt. Verstehen Sie? Auch braucht mein geschwächter lieber Körper viel Ruhe. Der arme treue hat alles ausstehen müssen. Er ist sehr hin. Und doch noch brav: er will noch immer gesund sein. Auch er war vortrefflich. Ich bin mit meinen eigenen Gedanken, Einfällen, Ansichten vergnügt – wenn man mich nur zufrieden läßt; aber – und kann keine Rechenschaft darüber geben. Ein wogendes Meer, mit schlechtem und gutem Wetter; mit, ohne Sonne, mit tiefen Farben, Spiegelungen, Geheimnissen, Produktionen, Dünsten, Gewölk; Empörung, Himmelsruhe! – Mit keinem Menschen denk' ich über gewisse Dinge gleich: bespreche mich mit vielen über vieles. Viel mit Varnhagen, und doch wie verschieden. Daß ich mit dem Wetter in unserm Klima nicht mehr zusammen sein kann, keinen Garten habe, ist ein sich über alle Stunden erstrekkender Verlust. Doch freue ich mich, alte Übel los zu sein, als unsinnige Liebe; die wir Unseligen in andern suchen, anstatt uns an der, die wir für andre haben, zu ergötzen. Nur um dies recht zu machen, möcht' ich noch einmal jung sein. Jung möcht' ich schweigen wie jetzt: das muß herrlich sein. Auch dumm. Ich könnte noch eine Stunde dafür und dagegen sprechen. – Lebten wir im Grünen diesen Sommer zusammen, ehe wir nach dem stummen finstern Tod kommen! Ein anderes Leben ist für dies hier: der stumme finstre Tod. – Alle Tage lese ich zwei Pariser Zeitungen; das unterhält mich sehr. Im ganzen genommen, geht es überall ziemlich gleich. In Amerika nur gestaltet sich in etwas eine neue Art Leben. Es kann auf den altern Mauern kein anderes als das alte Gebäude entstehen, ohne immer wieder umzufallen. Eitelkeit, Prahlerei, mehr Ausgeben, als man hat, Lügen: was soll sich daraus ergeben als der alte vergoldete Quark. »Entweder auf einem Baldachin getragen, oder ein Sklav! alles andre, ein bißchen rauf, ein bißchen runter, ein bißchen gedrängt, das ist nichts.« Entweder das: oder die höchste Poesie, das heißt Philosophie: oder, wenn man will, die freundliche Religion in wahrer Ausübung. Die Welt heilt sich, so nach und nach! Aber zu heilen ist sie nicht! –

RAHEL AN PAULINE WIESEL IN PARIS

Mitten im Sommer,
den 8. Juni 1826.
Donnerstag vormittag.
Schönes munkliches Wetter.
Vormittag 11 Uhr.

Einzige Pauline: immer und ewig! Diese Worte allein wären genug und ein Brief für Sie. Aber! Über ein Jahr quäl' ich mich mit einer Antwort an Sie, die ich nicht schreibe. Den vorigen Frühling erhielt ich Ihren Brief, und den im Herbst von der Schwester Meyer, die ihn selbst brachte. Ich kann Ihnen, teure Mitleidende! nicht schreiben: denn Ihnen möchte ich alles, jeden fliehenden Tag mit seinen fliehenden Minuten beschreiben, wie er mir das Leben in den Busen einkerbt. Alles, was ich wünsche, nicht: und dabei weiter, immer weiter gelebt! – Endlich ordentlich krank; so daß ich mich nur leidlich befinde, wenn ich zu Hause bleibe, oft Brustbeschwerden habe – jetzt stark –, schreiben gar nicht kann: und dabei ausgehe und alle geselligen Pflichten erfülle, und alle geselligen Verbindungen habe. Mitunter Theater. Nicht einmal, wie wir's hatten. Nichts von Pauline und mir. Keine Freiheit. Wollen Sie noch mehr wissen? Oft wundre ich mich, daß ich lebe; dieselbige bin; und so weit von mir ab kam! Ach! und in einer andren Art geht's Ihnen auch so.

Aber darin sind und bleiben wir, und wollen wir einzig bleiben, daß wir noch wissen, wie wir waren, wissen, was wir wünschen; und noch dasselbe wünschen, wollen und meinen. Ewig und bei allem, bei jeder Gelegenheit, denke ich an Sie; und schrieb doch nicht: aus Ingrimm, denn wenn ich das Papier für Sie vor mir habe, dann ist alles zu lebendig und ich fühle meinen Untergang; und will ihn Ihnen beschreiben, und dazu langen meine Kräfte nicht hin.
Diesen Brief, diese Worte zerreißen Sie gleich!
In meiner Seele und in meinem Geiste bin ich ruhig. Der Gedanke des Existierens – nicht als Pauline oder Rahel – überhaupt, das Dasein irgend eines Dinges, oder einer uns möglichen Vorstellung, ist so groß, so überragend kolossal, daß ich in der Grübelei und Anschauung untergehe in Ruhe. So mit meinem Geist und mit meinen Gedanken habe ich noch Pläsier. Und so ist's auch ganz gewiß mit Ihnen. Auch bin ich noch zu allem wahren Vergnügen fähig und aufgelegt. Es kommt nur nicht, und ich bin nicht frei; und nun nicht gesund genug mehr, um es mit Inkommoditäten zu erkaufen. Man ist nicht frei, wenn man in der bürgerlichen Gesellschaft etwas vorstellen soll; eine Gattin, eine Beamtenfrau etc. Und Sie, und unser Kreis, fehlt mir ganz. Die Dummheit, Leerheit, Pedanterie, Frömmelei herrscht. Ihr Brief vorigen Herbst, wo Sie mir von den drei verschiedenen Gesellschaften schrieben, in denen Sie leben, ergötzte mich! in vieler Art geht's mir auch so; jeder meint, ich meine wie er: Ach! ich meine wie Sie und ich!
Diesen Winter hielt mich auch Wiesels Mordkrankheit und sein Tod ab, Ihnen zu schreiben. Bis in der letzten Minute hatte er alles von mir. Essen, Gelée, Getränke, was nur erfunden werden kann für einen Kranken, und für dessen Appetitte und Bedürfnis, vier-, fünfmal wurde hin und her geschickt. Ich konnte, weil er drei Treppen im Hirsch unter den Linden wohnte, nicht hinauf mit meinem Atem und Brust. Er wollte es auch nicht leiden. Dore war zweimal den Tag dort. Er empfand es, und schrieb es mir. Varnhagen besuchte ihn noch zwei Tage vor dem Tod; das war viel, denn der selbst war an einer Gallenentzün-

dung auf den Tod diesen Winter. Ich erlebe alles. Nein! Nein! Es kann noch mehr Schrecklicheres geben und kommen. Sähe ich Sie nur noch. Aber auch das werde ich noch erleben.

... Ja! Pauline, alles herunter nach der stummen Erde: und erst hier Bewußtsein und Schmerz. Dahinter muß ein herrliches Geheimnis stecken, wovon wir hier nichts wissen. Herrlich, wenn es auch schrecklich ist. O! könnte ich jetzt mit Ihnen sprechen! Zu Ihrem Brief! Also, meine Herzenstochter, Sie waren in Wien. Leben jetzt auf Montmartre. Glück zu! O! Wie verstand ich das, daß Ihnen alle unsre Menschen, die Sie in Wien gekannt, lebendig wurden, und nur Sie sich wie eine Tote dagegen fühlten. Gentz scheint mir nach Ihren Äußerungen sehr herab zu sein! Ich liebe ihn; und kenne ihn: wie tiefrichtig schreiben Sie in wenig Worten ihn – sozusagen – ab. Nur wir sind ganz geblieben, wie wir waren; Grünes, Kinder, Liebe, Musik, Wetter, alle wahren Realitäten lieben wir, empfinden wir noch, weil wir nur ewig das wollten, und nie den Schein und Vorstellen. Und die glückliche Organisation. Mut fehlte mir nur von je, mich in unselige Lagen zu stürzen: darum duldete ich, was ich nicht mochte, und verabscheute; davon bin ich krank; das ist der ganze Unterschied zwischen uns beiden: der mit seinen Folgen und Nuancen; sonst keiner. Ich bin, wie der Arzt meint, nicht bedenklich: was macht mir das! Ich finde alle Lebendigen in Lebensgefahr: und Leiden ist das Schlimme. Daß ich nicht auf dem Lande lebe, ist meine innigste immerwährende Krümmung. Nämlich ein Landhaus im Sommer.

... Wäre ich frei, käme ich nach Paris: Geld fehlt mir auch zu solcher Reise; und wie ich sie brauche. Hanne und Fanny haben jede zwei herrliche Kinderchen; Hanne einen Emil von fünf Jahren, eine Marie von drei; Fanny eine Elise – Göttin – von zwei Jahren, eine Pauline von acht Monat. Alle blond und schön, und meine Freude. Varnhagen grüßt. Ich küsse und liebe Sie. – Jettchen Mendelssohn ist bigott – katholisch –, und liebt stumm und still, was wollen Sie mehr? Aber mich wundert nichts dabei, als daß sie gegen Leidenschaft der Liebe spricht, als wäre das nicht das einzig Ewige auf Erden; und als hätte sie nie geliebt; es mag auch so sein: die meisten schwindelt's nur so, und vergessen kann man's nie. Wiedergeliebt sein wollen, und Treue verlangen, ist dumm, und von den Vorfahren uns eingebläut, – aber Bezaubrung durch die Augen, Glück durch Sehen: das einzig Schöne, Paradiesartige auf der Erde. Nur darum möchte ich noch einmal leben, um zu lieben und es nie zu gestehen. Solang' es eine Empfindung, ist es göttlich; so wird's nie Verhältnis, eine Geschichte – halbe Ehe – gemeine Werkeltagslast. Jette Mendelssohn ist dabei doch noch lieb und gut. –

... Adieu Herze! Alles stirbt, es ist ein Wunder, daß wir noch leben. Wiesel starb an Brustwassersucht. Schwerer langsamer Tod. Er starb den 16. März. Aß den Tag vorher noch meine Suppe und Apfelgelée, und Kalb- und Rindfleischgelée. Ein Trost für mich! Er empfand es, und schrieb mir öfters. Welche Liste von Toten haben wir! Wir wollen uns doch noch sehn! Ewig, wie Sie mich kannten! Die größte Liebe zu Ihnen!

R.

Briefe an Friedrich von Gentz

Abends 7 Uhr,
Donnerstag, den 27. Dezember 1827.
Endlich allein seit 5–6 Wochen.

Seltsam ist Propheten Lied,
Doppelt seltsam was geschieht.

Gentz schreibt mir; und ich antworte nicht. – Sie haben weniger dabei verloren als ich. Ich stand Martern aus, auf Ball, in Konzert, bei Schweigen, bei Sprechern; allein im Getümmel. Welche Reden hielt ich Ihnen! Sie wären beglückt davon gewesen. Fürchten Sie aber nichts: Sie sollen einen »klaren« Brief haben. Meine Tage sind aufgereiht auf meiner Seele, wie auf einen Faden; immer derselbe. Also »der Trost, daß ich Ihnen noch gut bin«, der strömt aus meinem Kinderherz hervor. Trinken Sie aus diesem Gesundbrunnen. Und dabei: fürchten Sie nichts! – Ich bin doch ein Mann geworden, wozu das empfindlichste, das stärkste Organ, mein Herz, immer die Anlage war; bei einem der freiesten Geister, wie ich ihn habe, oder bin. – Ich hatte es nicht nötig, daß Sie meiner noch gedenken. – Goethe sagt: »Und wer nicht verzweifeln will, der muß nicht leben.« Ich sagte früher: »Düngen Sie mit Verzweiflung, und Sie werden eine gute Ernte haben.« – Ich wußte, daß Sie mich lieben müssen, und meiner nötig haben: und hätten Sie's nie erfahren. Wieviel stirbt, eh' die Sonne es gereift; und so ist es auch mit unsern Gedanken auf des Bewußtseins Grund. Beglückt kann ich noch von denen werden, die ich lieben kann; unglücklich aber nicht mehr durch ihr Versagen. Da haben Sie mit eins die ganze Karte meines Herzens. Und auch wohl unverhofft eine eigentliche Antwort auf Ihre Anfragen bei mir. Hier ist aber noch eine nähere; eine ganz nahe könnte sich nur aus wiederholten schriftlichen oder mündlichen Äußerungen erzeugen. Beglückt wäre ich, könnten Sie mich oder ich Sie dann und wann besuchen, und wir uns besprechen; noch besonders, da Sie es wünschen. Hören Sie also. Mir ist zu Mute wie sonst: ja wie als Kind von vierzehn, fünfzehn Jahren. Erdenglück ist nur in Menschenliebe, in unserem eigenen Wohlwollen und Wohlgefallen an ihnen zu finden; dies, und sein Gegenteil, empfind' ich noch. Unser Geist aber, und seine Fragen und Antworten, sind ganz auf ihn selbst angewiesen und zurückgedrängt. Aber ich selbst, und wie ich mich bei mir vorfinde, mit all meinen Vorstellungen – Angst und Zweifel mit eingerechnet – bin mir Bürge für eine höhere, intimere, reichere, begreiflichere Ordnung. Dies allein würde mich aber dem Gefühle nach nicht beglückend beruhigen. Fänd' ich nicht einen Zustand als Gabe in mir, den ich suchen will Ihnen zu beschreiben. Wenn ich nicht von Krankheit gepeinigt bin; wenn die Horen des Tages nicht durch positive Kontradiktion, durch Ärger, ennui vergiftet und gereizt werden, so empfind' ich meine Seele – ich möchte sagen, meinen ganzen geistigen Körper – als eine Art genußreichen Zustand. Dies ist rein eine Gabe. Aber ich prahle nicht: ich lüge auch nicht, wenn ich Ihnen sage, daß ich nicht glaube, daß ein Mensch mehr gelitten hat als ich: und das nicht nur edle Leiden, sondern jede, alle, von der elendesten Sorte. Ich liebe Luxus, Opulenz, Eleganz, Geist, Witz, Bewegung, Leben aller Art, Wald, Feld, Einsamkeit, Gesellschaft – wenn es welche ist –, alles noch wie sonst. Kann es aber missen; nur Ordnung, Ruhe und edleres Dasein nicht. Diesen Grundriß geb' ich Ihnen, damit Sie ihn mit Farben ausmalen, wo nicht fehlt Lumpenempfindung aller Art. Und dies, damit Sie nicht etwa denken mögen, ich will Ihnen meine Seele als einen Phönix darstellen. Nun müßte die Haupt-Antwort kommen. Auch ich sterbe nicht gerne; außer ein bißchen aus Neugierde.

Furcht habe ich insoweit, als ich auch denken kann, ja befürchte, in eine unorganisierte Verfassung zu geraten, woraus ich mir große Leiden hervorgehn denken kann. In eine noch unorganischere als unsre jetzige. Denn diese ist lange nicht komplett. Komplett abgeschnitten find' ich uns; nicht nur getrennt: wie eine Frucht entzweigeschnitten, und so uns unbegreiflich. Aber hier stellt mein Trost sich auch wieder ein: dies nur zu merken, nach anderm sich zu sehnen, ist eine Bürgschaft; jetzt denk' ich, es muß ein Zusammenhängenderes existieren; und erführe ich es nie. Kurz, ein undeutliches Meer von tragenden Wellen hält mich empor. Meines Geistes Bestreben und Bedürfnis; und meine Sympathie mit allen empfindenden Kreaturen. Die wahre, schwarze, emporschreckende Furcht kann ich nicht haben, weil ich zu schwach bin, sie zu fassen. Mein Leben ist so tiefsinnig zusammengezimmert, daß es gleich wieder zu Leben zusammengerinnt. Die größten Zweifel hab ich ausgestanden, nie kehren sie wieder! In meinem sechzehnten Jahre. Was Philosophen behauptet, kenne ich alles. »Mystik?« Was brauchte ich wohl für eine selbstgeschaffene; die große, allgemeine, offenbare, immergegenwärtige ist mein Tempel, in dem ich überwältigt, wie von Düften und Tönen beschwichtigt, niedersinke. Wenn ich von Zweifeln sprach, so waren es nie ethische. Nichts von Recht, Unrecht, Belohnen, Bestrafen, darin sind wir schon jetzt ein unabhängiger Gott; und bedürfen nur uns selbst. Sei'n Sie wegen modischer Albernheiten ruhig über mich; ich lüge nicht mit mir. Und wie ein großes, richtig empfundenes und erfundenes Musikstück soll dieser Brief mit seinem Thema und Anfangsgrund schließen. Ich liebe Sie. Liebe Sie wie sonst. Weil Sie ein Kind sind; und der Mensch, gegen den ich wahrhaft in allen Stücken sein kann. Größtes Kriterium. Und weil mir das gleich offenbar wurde, und immer wieder wird.

Friederike Varnhagen

... Morgens elf Uhr; es will hell werden; ist aufgetrocknet, und überhaupt komplettes Märzwetter. Es war gestern eine Torheit von mir, weil das Papier zu Ende war, und Herr von Willisen kam, meinen Brief geendigt zu glauben. Ich habe jetzt zum dritten Male den Ihrigen gelesen: als ich ihn erhielt, gestern und jetzt. Wie Prahlerei klingt meiner gegen Ihren; so ist es nicht, sehr teurer Gentz! »Ich bin ein Leidensgefährte«, Ihr Leidensgefährte, und bei allem, was uns heilig und furchtbar sein kann! Es ist dabei kein Wort gelogen; bei weitem keines exageriert, hier auf den Blättern. Ein schwaches, farbenloses, in den wenigsten Teilen nur gezeichnetes Bild meiner guten Zustände enthalten diese Blätter. Ich will suchen, Ihnen die andern darzustellen. Erstlich: die letzten sechs oder acht Jahre litt ich das Unendliche, nicht im Bewußtsein zu Haltende von Rheuma, der keine Gestalt mehr hat, und immer eine sucht. Er phantasiert auf meinen Nerven, die sich mir wie eine große feine Harfe darstellen. Contradiction ist mir reines, eingeschenktes Gift. Ich trank es ununterbrochen. Konnte keine Konvaleszenz abwarten, ohne Katastrophen. Nicht allein sein – nicht genug – einzigster Balsam. Vor zwei Jahren, als ich selbst krank war, machte Varnhagen eine schmerzhaft-gefährliche Krankheit, die ich allein dirigierte und ablenkte, und wartete. Den letzten Frühling ward's ein Jahr, daß mein ältester Bruder, dessen Töchter verheiratet, er ein Witwer, plötzlich von der ununterbrochenen Gesundheit einfiel, ich ihn pflegte, er genas. September, Oktober ward er auf einige Zeit und sieben Wochen Zuhausebleiben wieder an einer giftigen Krankheit krank – ich wartete mit zwei Domestiken und einem Chirurg ihn allein; und den 16. Dezember, jetzt ein Jahr, starb er. Dies hat mich ein komplettes Jahr gekostet . . . Ich habe das Unendliche hierbei gelitten. Physisch. Und zuerst, durch die ewige Vorstellung seiner Schmerzen, und seiner Schmach; und von den großen Schrecken, die ich dabei erlebte. Kein Shakespearesches Geschöpf ist exagerierter, als ich es bin. Keiner gefaßter. Ich war ihm und den andern Trost und Hülfe in allen Stunden, Ordner und Besorger; und fürs Auge ganz ruhig. Ruhig war ich auch. Aber ganz, ganz zerrissen; und das Herz, der Ort, geschlagen mit Keulen. Daß Geschwister-Liebe eine Faserliebe ist, erfuhr ich. Seine Töne, seine Mienen, kleinste Bewegung verstand ich durch mich. Ich überschätzte ihn auch in den größten Leiden nicht. Aber ich selbst litt, wenn er litt. Lange Zeit nachher fühlt' ich mich sterblicher, seit ich diesen Nachbarzweig sterben sah . . .

Mit einem göttlichen Kinde lebe ich seit drei Jahren. Une petite nièce. Meiner zweiten Nichte Kind. Elise heißt es. Für dies habe ich alle Zärtlichkeit, die ich für einen Geliebten haben konnte. Und mit dem bin ich in dem rechten Verhältnis, sein Dasein ist meine Wonne, Beschäftigung, Unterhaltung; ich verlange von dem Kinde nichts. Es ist eine Empfindung, oder besser ein Empfinden, und kein Verhältnis. Kein bestimmtes, vorhergewähntes, vor seinem Entstehn, kein festgebundenes nach seinem Entstehn. Es ist ein reizendes, feines, komplettes Kind.

... Seit den letzten vier Monaten etwa sehe ich ohne mein Zutun wieder viele Menschen; und die letzte Zeit her bin ich sogar viel aus. Ich gehöre durch Lage, und meine Natur, zu den Personen, von denen alle Klassen glauben, sie gehören zu ihnen. O! wie mitnichten! Ertragen kann ich sie nur, einsehn; und sie denken, sie genügen mir irgend. Reimen Sie das alles zusammen, was ich Ihnen nun gesagt habe; und ermessen Sie, was Sie mir sind, da ich mich nicht verändert habe. Auch Sie, Teurer! sind derselbe, nicht weil Sie sich erinnert haben, daß Sie mich noch lieben, sondern weil ich es nicht annehme, nicht fassen kann, daß wir uns überhaupt verändern.

Wer sich – was man so nennen kann – verändert, der schien nur, sich selbst nur; der war aus vergänglichen, eitlen Gründen jung, und was er schien. Was wir wahrhaft sind, die Summe, aus der wir keimen, wurzeln, blühen, und Früchte tragen, ist gleich da, und immer. Es vertrocknen auch die schönsten, herrlichsten Pflanzengeschöpfe, können Sie mir antworten. Wenn dies geschieht, sind sie gestorben, tot, und hatten nicht Leben genug; antworte ich. Zu zwanzig Jahr wollte ich allen Schmerz einwilligend fühlen; und ich will es noch. Ewig will ich wissen, und immer aus mehr Gründen, bestätigter, was mir versagt war. Mein Geist und mein Herz sei frei. Das kann ich selbst bewerkstelligen, und dies braucht niemandem zu entgehen. Und so wiederhole ich: »Und wer nicht verzweifeln kann, der muß nicht leben.« Dies ist die einzig mögliche große Existenz! Ich denke: Berührte uns das, was wir als Glück imaginieren, was unsre Natur muß erstreben wollen, so allseitig und intim als das, was ihr widerspricht; erlebten wir den vollkommen gelungenen Lebensaugenblick, wir sänken entschlummert nieder; wie Cervantes' Portugiese nach der Erzählung seiner Leiden in das Schiff hinsank (in einer Novelle). Die Erde ist dann durchgemacht. Halten Sie das nicht für eine Hyperbel, und einen Behelf von mir. Sie sehen es, liebster Freund; ich phantasiere auf Seele und Geist umher, wie auf einem Instrument, um Ihnen einen Begriff davon zu geben. Da die Lebensveranlassung, die Tagesstunden, das Zusammensein aber dazu fehlen, so muß das Phantasieren, da es doch kein musikalisches ist, etwas Leeres an sich tragen, welches ich Sie bitte abzurechnen, und nicht mir zuzuschreiben. Den Stolz und Trost habe ich, daß, wenn Sie mich einen Monat hindurch leben sähen, ich Ihnen erfreulich wäre. Ich kenne keinen Menschen meines Gehalts, und meiner Natur-, Welt- und Lebenseinsicht, der spontanéer, frischer, reger, brauchbarer geblieben wäre. Welches ich auch bei meinen Freunden zu bemerken habe. Die jüngsten verkehren noch gerne mit mir, und Varnhagen bin ich täglich ein neuer Trost, Beistand und Unterhaltung bei den heterogensten Anlässen. Keiner aber kann mehr leiden als ich. Und »Kontradiktion« nehme ich im höchsten Sinne, wenn ich's gebrauche. Wie die Franzosen ihr »les ennuis«. In der langen Zeit, in welcher wir nicht miteinander sprachen, waren Sie mir immer mein Punkt. Und mit lauten Worten sprach ich mit Varnhagen von Ihnen . . . Schreiben Sie mir wieder. Es bleibt tête-à-tête! . . . Adieu!

Möge mein Brief Sie gut berühren! Voll Liebe und Anerkennung ist er.

Daß Ihre Tage in wirkenden Geschäften, in wirklicher Tat hingehen, und Sie nichts Kleines und Niedriges berührt, ist meine Freude; und ich bin stolz darauf, wie immer auf Glück.

Montag, den 22. Dezember 1828.
Abends 7 Uhr

Seit zu langer Zeit, Sonne auf unserer Erde: seit der, und noch länger her, ich zum erstenmale nicht erdrückt, und fähig, eine Feder kritzen zu lassen. Auch war gestern der kürzeste Tag; und dann geht Leben und Jahr aufwärts; – bis man in die Todesgrube fällt. – Und zum seltensten Fall gehörig: ich allein; das heißt sicher, es eine Stunde zu bleiben: Varnhagen ist in einer literarischen Gesellschaft. (Dies alles ist noch als Datum dieses Briefes: aber fürchten Sie nichts; ich weiß noch nicht einmal, ob ich ihn abschicke.)

Als Varnhagen diesen Mittag nach Hause kommt, reicht er mir einen Brief mit den Worten: »Von Gentz!«

Still nehm' ich ihn, und lese; er will etwas; dacht' ich gleich: es kommt etwas nach; dacht' ich noch, als ich schon in der Mitte war. Nichts! dacht' ich; als der Brief sich seinem Ende nahte. Aber was dachte ich bei seinem wirklichen Ende, als Sie die »Frau Gemahlin« grüßten; und hinzufügen: sie werde Sie, ohnerachtet Sie sich mit ihr nicht mehr in Briefen verständigen – so war ja wohl das Wort – können, nicht aufgegeben haben. Ich verstummte tief in mich hinein. Mein ganzes inneres Leben wehte, wie mit abertausend großen Flügeln, grau an mir vorüber: alles, was ich je gedacht haben mochte: jedes Resultat, was ich gefunden, flog namenlos an mir vorbei. Alles wollte ich antworten; nichts kann ich antworten! Der ganze Triumphbrief, an dem ich gewiß teilnehme, den Sie Varnhagen geschrieben, ist mir zu nichts geworden: ich sehe nur mich. Und habe, wie bei jedem schlagenden événement, gelernt. In mir, heißt das: eine neue Möglichkeit entdeckt. Ich wundre mich nämlich, daß noch irgend ein Mensch – außer mich zu stören, durch Ennui, Ärger, Ungeduld, in die er mich versetzen kann – noch auf mich im Bösen wirken kann. Menschen können mir gefallen, als Eindruck im ganzen; durch einzelne Eigenschaften und Züge: ich kann sie bemitleiden, sie können mich empören. Aber mein

Herz in grader Beziehung nicht mehr unglücklich machen; noch es für mich beschäftigen. Liebt mich: liebt mich nicht. Findet das, weswegen ich mich lieben könnte; oder findet es nicht. So auch standen Sie mir. Sie hatten mir ja selbst geschrieben, was ich heute in Varnhagens Brief las. Woher frappierte es mich so? frage ich. Sie frage ich nicht: mich frage ich. Weil ich in meiner tiefsten Seele dachte: er hat dich doch verstanden; wenn er nur je deinen Brief noch einmal liest; er muß jeden einzelnen Ausruf, jeden Satz, jeden Ausdruck verstehn; und so ihren Zusammenhang, ihren Sinn, ihre Melodie, die sie im ganzen bilden, verstehn, empfinden. Verstand doch ich Ihren Aufkündigungsbrief; der sich auf Nichtverstehn berief. Weiß ich doch: Sie wollen, Sie verlangen, auf die höchsten Fragen, die der Menschengeist anstellen kann, welche die bedrückte Seele machen muß, eine blanke bare Antwort; stempelbedrückt, gültig, und deutlich in jedem Reich: und wollen nichts annehmen, was die blanke bare Auszahlung nicht ist; weil Sie Gold, Edelstein, Schein, Licht, Schimmer, Glanz und alles, was sie nicht ist, in reichster, längst verworfener Fülle selbst haben. Und ich, wiederhole nochmals; hier beim großen Defizit, in welchem wir uns finden, und haben: Unsre Existenz ist noch keine absolute; aber der Schimmer, das Flimmerchen, das wir davon haben, daß wir sind, ist mir Bürge für undenkbar Hohes, Großes. Wie meine Frage, Bürge für Antwort; wie meine Qual, Bürge für die Existenz der Wonne. Und sind Menschen bis zu allen Fragen, bis zu diesen Antworten gekommen: so sind sie Freunde in der Not. Not gebe ich Ihnen zu: vielleicht müssen Sie meiner Ansicht noch welche zugeben: und ich bin trauriger als Ihr Dichter. Ernster. Pauvre humanité! ist das Beste, was Madame de Stael sagte. Ich liebe die Kreaturen: das heißt die leidenfähigen Wesen. Das wünsche ich Ihnen auch. Ich habe auch in meinem letzten Brief nicht geprahlt; und nicht anderes als hier gesagt; gesagt, daß ich in der Seele eine Art von physischem Wohlgefühl hätte; und zu schwach bin, mir immer die schrecklichen Möglichkeiten zu denken. Ich schwimme auf weich- und hartem Element des Tages; das Gefühl des Daseins trägt mich meist: und linde, wie ein andrer, wie jeder andre!

Gern sähe ich sie. Aber auch das ist ein Bild, welches hinter mir im Tageslicht meiner Jugend steht. Nach hinten erreicht man nichts. Selten sieht man sich nur um; und es gehört Fähigkeit dazu, es zu können, die einem vergeht. Eins weiß ich: vorwärts brauche ich die Augen nicht aufzuschlagen: es begegnet mir kein Zweiter; und flöge ich als Hebe durch die Welt. Sie tragen eine in sich: die keine Maske des Alters verstecken kann: die ungetrübte blumenreiche Wahrhaftigkeit; die ewig Naivetät gebiert; zum Lächlen, und zum Lieben. So auch ist eigentlich Ihr letzter Brief an mich; so sehe ich ihn eigentlich, so sieht ihn mein Geisteslicht, wenn der Dunst fällt, wonach das Herz immer schmachtet. Sie würden erstaunen, wenn Sie zwei Tage mit mir lebten: bloß, wie weit und reif ich in allen Kleinigkeiten bin; und sich sehr behaglich fühlen. Wenn es nicht ganz töricht wäre, schriebe ich Ihnen schon jetzt, was ich den Sommer zu tun gedenke. Sie reisen aber keinen Schritt meinetwegen. – Sein'n Sie gesund! Das ist das Nötigste hier. Ich fühle es; weil ich es selten bin. Wetter, Nerven. Das Instrument litt zu viel. Heute geht's mir wieder menschlich . . .

RAHEL AN GENTZ IN PRESSBURG

Dienstag, 10 Uhr morgens,
den 26. Oktober 1830.
Feiner Regen in dunstigem
Wetter.

. . . Auch ich, teurer Schmeichelfähiger! habe Ihre Diktums nicht vergessen, und wiederhole sie wohl täglich – O! welch amüsanten Busen führ' ich in mir. Das Lebenstheater darin wird immer reicher; nichts vergeht, weil es lange her ist! – Mein Schreiben gliche öfters frischen aromatischen Erdbeeren, an denen aber noch Sand und Wurzlen hingen: sagten Sie einmal; dem bin ich eingeständig. Und nichtsdestoweniger halte ich mich für einen der ersten Kritiker Deutschlands. – Schauen Sie doch

auch in meinen tiefsten Busen; ich scheue mich nicht, die Eitelkeit zu zeigen, die ich hege; höchstens ist sie ein Irrtum; und dem kann widersprochen werden. – Eins muß ich doch noch von meiner Art zu schreiben aussprechen: über das allermeiste, was darin endlich ausgebildet sein sollte, kann ich – aus innren, und viel äußren Gründen – nicht Herr werden; über eines aber, was man gewiß auch dazu rechnet, mag ich nicht Herr werden. Nämlich, ich mag nie eine Rede schreiben, sondern will Gespräche schreiben, wie sie lebendig im Menschen vorgehn, und erst durch Willen, und Kunst – wenn Sie wollen – wie ein Herbarium, nach einer immer toten Ordnung hingelegt werden. Aber auch meine Gespräche sind nicht ohne Kunst; das heißt ohne Beurteilung meiner selbst, ohne Anordnung. Ist ein Schreiben, es sei Buch, mémoire oder Brief eines andern nur vollständig gehaltene Rede, so hat es für mich immer einen Beischmack von Mißfallen. Die Ausnahmen, wo es Rede sein soll, gestatte ich, wie ein anderer.
Das »Sieb im Ohr« lasse ich mir durch den edlen Ausdruck »klassischen Stil« noch nicht nehmen. Solche Naturgaben existieren vor dem klassischen Stil. (Ich sehe eben, Sie sagten: klassisches Ohr.) Ich glaube noch, das, was ich Sieb nenne, ist nur die Bedingung zum klassischen Ohr. Übrigens muß ich mich verständigen – wie die größten Philosophen über die Bedeutung ihrer Ausdrücke –. Unter Stil verstehe ich niemals den Inhalt, sondern nur die minder oder mehr gebildete, geschickte, angenehme Weise, wie der zu Tage gefördert wird. Schon nicht den Plan oder die Klarheit des zu Sagenden. Daher lobte ich das fein und schnell urteilende Ohr von Friedrich Schlegel und Heine. Odiöse, schlechte, falsche, grobe Dinge sagen sie beide. Teilen Sie gütigst diese Epithetons unter ihnen gebührend aus! Schön und gut schreiben ist ganz etwas anders. Das hängt vom Inhalt; vom Bewiesenen oder Ausgesprochenen ab. Von der Seele; was sie will, und hat; vom Geist, und Verstand; was der findet, und jener kann. Vom Urteil, und seiner Macht, dies alles zu einem Ganzen zu machen. Das ist Ihr Schreiben; welches ich wohl kenne; und oft nenne. Gentz, sagte ich vor langer Zeit, und

wiederhole es genug, bedarf keines Bildes – welches wir alle – Jean Paul und ich an der Spitze – aus Mangel an Sprache gebrauchen; er arbeitet mit klarstem Verstand – Einsicht in seinen Vorwurf – mit größter Sprachmacht: denn, der Stoff, in dem er schreibt, ist nur Grammatik und Wörterbuch. Nun verdammen Sie mich; aber belehrend; und ich danke passionnément. Adieu! Jetzt fahr' ich aus. Es war später als zehn, jetzt ist es zwölf. –

Heute ist Donnerstag. Wie Sie daraus sehen werden, hab' ich Ihnen gestern nicht geschrieben; ich dachte vor-, ich dachte nachmittag, Fanny sollte kommen. Nichts! – Morgen werde ich sie tanzen sehn . . .

RAHEL AN GENTZ IN WIEN

Donnerstag, den 18. November 1830. Mittags 12 Uhr. Sanftes, schlappes, straßennasses, himmelgraues Wetter. Wovon ich wohl abhange: Sie – ich möchte in Hainen opfren! – sind gesund: ich nur mit dem reinsten unhiesigen Wetter befreundet.

. . . Das Publikum lernt erst, sie goutieren; ich konnte es gleich. Nicht weil sie Ihr Liebling ist; denn selbst meine Liebe machte mich nur clairvoyante; und die Binde des Amors soll heißen: auch ohne Augen, ganz ohne Augen sieht er; weiß er; und lehrt die Augen sehn. Il est des sympathies, il est des nœuds secrets – – das ist das.

Dann habe ich noch eine Ehre gehabt. Nämlich meine mit mir aufgewachsene Menschenkenntnis, die noch bei mir aushält. In meinem Billett an die Schöne lobte ich ihren Anzug, und nannte ihn einen »persönlichen«. Und – wie ich hinkomme – sitzt sie noch, und bereitet der Schwester und sich mit höchsten Händen Ballaufsätze, von Blonden, Draht und Band; geschickt wie eine Fee, graziös, als käme es eben aus Paris; und intelligent, wie nur der individuellste Charakter sie erfinden kann. Auch frisiert sie sich selbst, und richtig hatte ich ihren Anzug einen persönlichen genannt. Ich halte entsetzlich viel auf Anzug: aber gehe schlecht einher; versteh' es, wie niemand besser. Kann auch schön Rat geben, und wählen; im höchsten Sinn; mit genauster Kenntnis der Mode, die öfters losgelassen werden muß, – mise de côté, mais pas ignorée! – Es wird für mich ganz finster in Berlin sein, wenn die Schwestern weg sind; mir gefällt hier kein Mensch! und mit dem Theater ist's dann für mich aus.

Aber Sie, mein Herr, müssen mir nun bald schreiben; sonst schreib' ich Ihnen auch nicht. Auch ich habe unendliche Geschäfte, und Sie sind gesund, und ich nicht. Bekomme ich einen Brief, so erfahren Sie . . . noch viel über Fanny. Aber auch ich trage eine Person im Herzen, wie ihr andern – mich, – und will wissen, wie Sie diese Person aufgenommen; durch Worte; nicht durch Ausrufungen. In meinen Heften stehn all in mir aufgegangene, und zerschmetterte Frühlinge: wenn auch aufgetrocknet zwischen Blättern; oder als ein Tropfen Essenz, von weitem Feld und Tal erpreßt! Stimmen Sie ein; und widersprechen Sie: doch in einiges, wenn auch nicht alles Äußerungen verdient . . .

Diese Zeilen schreib' ich in fortwährendem Gespräch mit meinen drei Kindern, die gefrühstückt haben, mit tausend Prätentionen. Wenigstens mußt' ich achtmal aufstehn . . .

Götter! was hätte ich Ihnen zu sagen. Doch Neues. Es wogt in mir von Gedanken, Meinungen, Ansichten, Entdeckungen. Goethens Arzt hat mir geantwortet; als er ihm die Nachricht vom Sohn hinterbrachte, antwortete er nur: »Ich wußte, daß ich einen sterblichen Sohn gezeugt habe.« Er ist wohl. Aber er unterdrückte seine Tränen. Adieu

F. V.

Berlin, Montag abend 9 Uhr,
den 7. Februar 1831.
Feuchtes Tauwetter

Geküßt hab' ich Ihren Brief; nach tiefer Verstummung, regungslos in meinem Bette aufrecht bleibend; aus Rührung, Liebe, Zärtlichkeit für Sie, Drang und Plan zum Helfen, Staunen, Betroffenheit. Liebes, teures – wie es sein muß – ewiges Kind! So wirft sich nur Goethens Tasso andern hin in die Hände, an den Busen, nur Sie, und die Besten, und ich, wenn ich einen bessern Busen wüßte als den meinen! (großes, hartes, ein noch nie ausgesprochenes Wort.) Sie sind nicht unglücklich; glauben Sie es mir, bis Sie diesen Brief ausgelesen haben. Lassen Sie mich mit dem Unabweislichsten, Wunderbarsten, Schwärzesten anfangen, mit dem Tod. Sind wir es nicht schon? Ist er wunderbarer als das Leben? Dieses Leben, mit den innern, geistigen Lücken? Dieses zerrissene Bruchstück? Wo er am Ende doch steht? Wer mir durch den dunklen Mutterleib half, bringt mich auch durch dunkle Erde! Ich will leben; also muß ich auch leben. Mein Lebensgefühl, mein Glücks-, Ordnungs-, Vernunftsbedürfnis sind mir auch die Bürgen für dies alles; wie käm' ich sonst darauf? Diese sind mein Gott in mir und außer mir; mein letzter Winkel, wo auch mein Tempel und meine Religion ist. Wenn ich jeden Augenblick sterben kann, so bin ich schon tot; das heißt, ich lebe tot weiter. Und ich fühle ja mein Leben, und nicht den Tod; wie sträubt sich unser Innerstes bei jeder Probe, wo ihm nur Einhalt, Hemmung getan werden soll; jeden Widerspruch eines gerechten Anspruchs von uns fühlen wir nur darum so empfindlich, ja eigentlich so unleidlich! Das Leben läßt sich nicht betasten; nur erregen, fördern, bereichern, durch Stoff und Geist; und wird's mit dem Mordgewehr erfaßt, so flieht's, flieht aus der ganzen Sphäre, wo ihm das geschehen konnte. Gewiß werden wir wieder jung. Herrliches physisches Gefühl: nämlich ganz fertiges, nicht erst zusammengedacht, gemacht, von uns selbst erst bereitet, sondern gleich passend gehörend zu dem Ort, wo wir zu sein haben: das ist Jugend; darin besteht sie: einschlürfend das Dasein, ausströmend, erregend wieder ausströmend: und eine neue, viel gesteigerte Jugend müssen wir wiederkriegen: in ihr fortleben: und in einer, in einer innern, leben wir schon fort! Und nur vielbehäutete Köpfe können es lächerlich finden, wenn Alte noch wollen wie Junge. Wollen sollten sie auch nicht? Ist es nicht Erde genug, daß sie nicht können? Soll im Leben ein Oberzeremonienmeister wie an Höfen herrschen? Wahrhaftig, das Volk aller Klassen versiegelt sein Leben, und alle Pulse, und ergiebt sich darein; noch ganz voll Sittlichkeitsstolz. Wie stupid sehen sie auch alle aus! Über vierzig nicht mehr zu ertragen. Ich will sie auch nicht sehen, nicht kennen. –

Sie sind jung, lieber Freund; lieben, sind glücklich, haben eine reizende Geliebte; einen Freund – mich – das herrlichste Kindergemüt: alle Ihre Jugendschwächen; wollen Rat und finden Rat; wie vor dreißig Jahren auf meinem Kanapee, ehe Sie zu Ihrem Vater gingen, um aus Berlin zu gehen. Nichts ist verloren; Einkünfte kommen wieder; andere. Die Welt – die olle politische – schwingt sich um: und Sie stehen ihr wieder en face. Nur mißkennen Sie ihre Entwicklung nicht so, daß Sie selbst sagen, Sie kennten sie nicht mehr. »Dieser paradoxe Satz wird bald ein Gemeinplatz werden«, muß man von Hamlet nie vergessen. Es sind jetzt andere Gemeinplätze in Umlauf; nie wird man die wieder für Paradoxe halten wollen. Der Geist der Zeit ist nichts als die jedesmal allgemein gewordene Überzeugung. Horchen Sie dahin: agieren Sie mit der, durch die! –

Dienstag früh

Ich Ihnen Politik! – Sie, die allgemeine Überzeugung muß Ihnen dienen, sie sei Ihnen ein Instrument. Überwinden Sie den Abscheu: kommen Sie ihr zuvor: Lenker bedarf eine jede. Denn ist wohl noch je eine Überzeugung der Masse ihr klar? Machen Sie face; lassen Sie das Heft nicht aus den Händen, senken Sie Kopf, Feder, – wie Krieger das Schwert – nicht als überwunden: sprechen Sie sich das besonders nicht selbst aus! Und sehen Sie nicht nur die Unordnung, sondern – eben nach »den vierzig

Jahren Arbeit« – was die in der Zeit sich folgenden Menschen nun jetzt zu wollen haben. Denken Sie nicht an das, was Menschen ewig wollen sollten: sondern fassen Sie ins Auge, was Weltwirrwarr, alte Sünden, längst Verfehltes nun erlaubt, und wohin eben dies drängt. Im ganzen gewiß auch nach dem, was der Mensch soll: aber maskiert. Scheuen Sie diese Maske wie jede andere nicht! Behalten Sie das Heft in Händen! Sei'n Sie großartig. »Vous en parlez bien à votre aise!« werden Sie denken. Fanny lebt noch, fragen Sie die: sie war zugegen, als ich aus blauem Himmel Warschaus Revolution erfuhr – Graf Mocenigo kam, und nach halbstündiger Tagesunterhaltung sagte er uns das – ich glaubte zu sterben. Ein Brustkrampf befiel mich, aufspringen mußte ich, noch bin ich nächtlich krank davon. – In der Welt fürchte ich nichts so als Pöbel, Hornvieh, Unvernunft, bis zur Besinnungslosigkeit, und Krämpfen, – ich will nichts mehr als Ruhe. Ich habe längst meinen ›Bankrutt‹ gemacht; ich könnte nur noch gemartert und blutarm werden; und hoffe doch. Und nun Sie! – Ein Lenker, wenn Sie wollen. Wem gehören denn die Länder, wer sind denn die Regierungen, als solche? O könnte ich mit dem Munde zu Ihnen reden! Gestern, als ich Ihren Brief las, machte mein Herz gleich Pläne, nach Wien zu kommen. Ihnen zum Trost. Jetzt wünsche ich es, um Ihnen Vorschläge zu machen. – Nur eine Frau! Keine Maintenon, und keine les-Ursins, und doch nähmen Sie einen Rat von mir in Gebrauch. Wie viel sah ich früh ein! wie viel sagt' ich vorher von den Dingen, mit denen Sie hantieren. Aber verwesen mußte meine gute Einsicht. Erinnern Sie sich noch, wie Sie mir in Prag erzählten, Sie hätten solchen göttlichen Plan erfunden, solchen herrlichen Gedanken, und wie Sie ihn dem Fürsten Metternich mitgeteilt, wäre er an sein Bureau getreten, und hätte aufgeschrieben herausgelangt, was Sie ihm gesagt? Sie wollten nie sagen, was es war. Es war der deutsche Bund, dachte ich nachher. Damals war der gut. Erfinden Sie wieder etwas. Ich zweifle nicht. Verzweifeln Sie nicht: und alles ist noch gut.
Lieben Sie denn Ihre Blumen nicht mehr? Nicht Luft, Wetter? Das Gefühl Ihrer selbst, das Wetter in Ihnen? Wie krank bin ich!

Wie gestört! Welche déboires habe ich Dezennien lang verschlucken müssen, welche Leiden! Und Phönix nach Phönix stieg empor! Nicht, daß es mir so gefällt; nicht, daß ich's annehme: Nein! Nein! Nein! Und ewig Nein! Aber ehrlich verarbeitet hab' ich's. Ich mag wohl in zwanzig Jahren keine persönliche Satisfaktion gehabt haben. Und weiß es wohl. Und schaffe mir menschliche; durch Teilnahme, durch Meditation, Einsicht, Schwung, Fröhlichkeit, Güte, Unschuld – je ne parle pas à mon aise – ich verzweifelte oft, raste, hielt mich schon für toll: denn auch Ruhe und Muße hatte ich nicht. Und Sie sprechen von vierzig Jahr Arbeit. Genuß war die: und was brachte sie Ihnen ein! Allen Lebensgenuß und Wohlhabenheitsfülle, Persönlichkeitsbefriedigung; Ehre, Ansehen, Wohlhabenheit, Geselligkeitsgenuß; Reisen, Garten, Pferde, Anregung, Leben jeder Art. (Ich sollte Ihnen erzählen!!) Wie bescheiden gucke ich aus meinem Winkel hervor und hinauf! Wie tief- und frohsinnig: aber welche Abgaben bekam der Teufel durch meine nun für mich nicht mehr zu fassenden Leiden aller Art. Me voilà. Ich tröste mich und Sie. Und bin überzeugt, daß es mit zum Erdenleben gehört, daß jeder in dem gekränkt werde, was ihm das Empfindlichste, das Unleidlichste ist: wie er da herauskomme, ist das Wesentliche. Das sind die neuen Eigenschaften, die er sich anarbeiten, anleben kann. Darin, geliebtes Kind und Freund, möchte ich Ihnen helfen. Dies ist diesmal mein Schmeicheln: tiefe Wahrheit, wie ich sie mir selbst vorsetze. Daß Ihr Herz sie nur erkennt! als aus meinem liebevollsten fließend! Glauben Sie mir noch fürs erste: es wird gut für Sie. Shakespeare sagte sehr klar, klug und erfahren: »Oft ist ein Fall das Mittel, desto glücklicher wieder aufzustehn«; dessen seien Sie eingedenk. Ich hab's öfter gesehen, kürzlich erfahren. Glück auf, lieber Freund! Mut oben! Einsicht frei! Sie können alles zu allem überreden. Wagen Sie das Neuste, die neuste Behauptung. Sie sollen einmal sehen! . . .

Mittwoch, den 23. November 1831. Dunstiges, trübes, feuchtes, nebliges Novemberwetter; hinter welchem, wirklich wie hinter einem weiten Schleier, die Sonne kiekelt.

Und so ist es mit allen uns bewußten Dingen: das Schöne will hervor, das Gute, das Reine, das Freie, Glück (unverletztes), Heiligkeit! Alles ist gestört: Chaos lebt noch. So sehe ich endlich im Alter unsern Zustand, in intellektueller, naturhistorischer, ethischer, politischer Hinsicht an. Das Wort steht da: Alter. Aber nicht unglücklicher bin ich als in der Jugend. Keinen heftigeren Herzenszustand giebt es in dieser Welt als den, glücklich sein zu wollen; dies zu erhoffen. Noch zu glauben, daß solche Zustände für irgend jemand existieren, der ganz feinsinnig, tief und blühend intelligent ist und ein starkes und zartes Herz hat, – darunter verstehe ich das ganze Faser- und Nervensystem, mit allen seinen Dependenzen – findet kein Ganzes in irgend einer Kombination von Umständen, zu einem Zustand gestaltet, der seinen gerechten Forderungen allen genügte: und nicht sogar quälte; oder auch nur: mir war dies nicht beschieden (wie denn jeder Mensch, der nur Besinnung hat, ein ganz einziges Schicksal hat: ein Moment des Ganzen ist – Gottes, wenn Sie wollen – der nur einmal existieren kann). Einsamer ist man nicht als ich nun in allen Stücken. Ich sehe noch hie und da Menschen; lese, höre. Aber lebe ohne Pairs. Und denke an Vergangenes wie ein Verstorbener. Aber wenn ich mich bedenke, war es zu sechzehn, zwanzig, dreißig, vierzig Jahren nicht anders mit mir: auch wußte ich es in der Tiefe immer: nur überschrieen meine neuen Wahrnehmungen, Empfindungen, den Himmel, Natur und Welt belagernde Forderungen an all diese, die in der Tiefe immer zu findende Evidenz: und Stück vor Stück mußte mir das Ganze genommen werden, ehe ich den Mut, die Kraft, die Möglichkeit faßte, daß ich nichts haben

sollte. Nur mich selbst. Auch darauf bin ich nicht stolz: wie weiß ich, daß schon Krankheit uns uns selbst entreißt, zerstört! Es giebt nur einen großen Lehnherrn: und wir alle Kreaturen sind Vasallen. Nur durch Miteinsicht erahnden wir Freiheit, – von der denke ich anders als die Kämpfenden, als je ein Publizist! – Unser innerstes Wesen ist sogar gezwungen: unser Wunsch nach einem heiligen, freien, unverletzten Zustand. Müssen wir das nicht wünschen? Sind wir dieser Wunsch nicht selbst? Adieu! à demain! un mal d'yeux qu'il faut ménager, me fait quitter la plume. Bon jour! –
Heute ist Freitag; und noch trübes Nebelwetter. Ich will fortzufahren suchen. Nun denn; ich bin verarmt; und vermisse den Reichtum nicht, wie ich wohl in meiner reicheren Zeit und in damaligem Mangelgefühl hätte denken können. Auch an mein Alter würde ich nicht erinnert werden, wäre ich nicht leidend; auch das wäre erträglich, wäre ich geschont worden. Enfin es ist so geworden, wie es ist. Ich habe alle meine Emfänglichkeit noch – für Gut- und Schlechtes, und freute mich auf Fannys und Theresens Kommen, wie zu sechzehn Jahren; nur verdoppelt, vielfach verdoppelt, und aus allen Sphären her begründet, und bestätigt, hat sich mein Haß und meine Liebe. – Aber faux-frais zu Vergnügen und Glück kann ich nun durchaus nicht mehr machen; überhaupt keine frais; da ich Glück und Vergnügen missen kann, so müssen die beiden mir die Cour machen, wenn sie etwas mit mir zu tun haben wollen – es sei unter welcher Menschenmaske es wolle!! Sie wollen aber nicht: und ich bin einsam!!! Aber nicht aus diesem Grund allein: in der höchsten aktiven und passiven Aktivität konnte mir das geschehn: meine Einsicht, meine Gedanken sind zu abwärts: und in den größten Details noch mehr. Wie drücke ich das nur Ihnen verständlich aus! Sie haben mich jung gekannt, und kennen meine Ignoranz: aber ich weiß alles: durch Selbsttätigkeit. Mit den größten Schriftstellern finde ich mich überein. Komme zu ihnen auf ihren hohen Sternen; aber auf meinem Weg: oder durch einen glücklichen Aufschwung. Und so ist es noch wie in der Kindheit: in der schlechtesten Komödie, in der geringsten Gesellschaft, oder bei

solchen Behauptungen, wird mir die höchste Tragödie, das höchste Beisammensein mit all seinen Bedingungen klar; Polemik bis an ihren Ziel- und Zweckpunkt. Und das in einer Tätigkeit, in einer Schnelligkeit, die mir noch nie vorkam. Dabei den kühnsten Denkmut, und jedes Resultat davon willig – wenn auch verzweifelt – angenommen. Nun denken Sie sich eine solche unter Leuten. Unter reinen Menschen müßte ich wenigstens sein. Nur ein Punkt Mensch im Menschen, und ich hebe uns wie mit dem berühmten Hebel nach allen Welten. Sprechen müßte ich Sie können: und in zwei Worten kennten Sie auch meine politisch-gesellige Lage. Ich rücke und rühre an nichts mehr: seit vielen Jahren; und ab fällt, was nicht hält: wie Blätter von einem gegenbeherrschenden Baum; den ich immer, im Reisen, einen Fürsten nenne; oft mit Familie, Volk; oft allein. Der große Todesgedanke – das viele Sterben aller Bekannten, das man im Alter erlebt – ist das ganze vollständige Gegengewicht dieser Phantasmagorie, dieser gezwungenen Anleihe von Illusion. Dieser, der Tod, ist eins mit dem Leben; wir werden's in diesem nicht los. Dieses Rätsel, diese Aufgabe des Denkens und des künftigen Seins, löscht mir alle Vorfallenheiten des Lebens, außer Blindheit, Kerker, Martern, überhaupt Schmerzen, ganz aus. Ich verachte nicht das Leben; das Gefühl von Dasein, die Denk-, die Fühlfähigkeit, das große, heilige, amüsante Rätsel: diese Zerstückelung ist zu kolossal, zu augenscheinlich: auch für solche Augen, mit denen wir hier hausen und unsern Verkehr treiben. Ich habe Momente von wahrem Erschauen, wo mir blitzlang alles klar ist; wo ich weiß, was das ist: heilig. Eins ist gewiß, und das kann man hier mit den Jahren schon ergründen und finden. Es steigert sich das Schlechte und Gute; und da das Schlechte doch nur eine Negation ist: so tritt es zurück; und selbst wählen würden wir so die Steigerung. Ganz gut kann nichts werden. Warum – da es eigentlich keine Zeit giebt – wäre es nicht jetzt schon ganz gut? – Das alles humainement vu. Wir können ja ein neues Begreifungsvermögen bekommen oder werden! – Schon längst bin ich so durchdrungen, so übersättigt von Geduld und Abscheu, daß ich abends dem Himmel danke für das, was ich nicht weiß: und so mich auf die einzig mögliche Weise der Unschuld freue. (All sich hierauf Beziehendes habe ich längst aufgeschrieben.) So steht's mit mir: so hatte ich die Influenza wie nur fünf in Berlin; acht Wochen schwach und elend davon; dann die Cholera-Furcht!!! Die Sperre, die Diät; dann ein Augenübel bei all meinen andern. Und doch nicht unglücklicher als sonst. Mein Augenübel ist nervös, und leidet wohl Lesen, aber nicht Schreiben. Deshalb aber schwieg ich nicht. Sondern weil Sie nie antworten, wenn Sie auch einmal so gnädig sind zu schreiben. Ich bedarf Antwort. Aber »Ich mache mir wohl noch was aus Ihnen!« Liebe ist Überzeugung, wie Abscheu: unvertilgbar. Aber was tut's! Ich kann Sie ja lieben; ohne daß Sie danach Nachfrage tun: noch ich selbst in mir. Was Menschen lernen können, habe ich gelernt; und Großes durch Sie. Ich habe auch Sie missen gelernt, seit Prag. Getrennt sind wir ohnehin. Kindisch habe ich mich vorvorgestern mit Fanny gefreut; und mit dem Schwan. Armer Freund. Armer Glücklicher; dem noch solch Glück entzogen werden kann. Sehn Sie, daß Wunder möglich sind; noch in diesem Erdengefängnis. – Und was kann noch kommen. Waren Sie je in der Jugend so beglückt: so glücklich in der Seele? . . .

Briefe an Alexander Marwitz

Sonnabend abend gegen sieben, hellster Mondschein in meine Stube hinein, den 25. Oktober 1811

Teuerster, lieber Freund, welche Worte aus Ihrem Briefe soll ich erst aufnehmen? Sie stürmen alle auf mich ein, und bewegen, rühren, und beruhigen mir das Herz: als ich ihn zuerst las, waren mir die liebsten, heilendsten, treffendsten wie ein goldglänzender Pfeil: das Ende Ihres ganzen Briefs: »Gleich Antwort. Ihre Briefe sind mir unentbehrlich.« Ich bekam aber den Donnerstag geschriebenen Brief (wenn er auch erst Freitag abgegangen wäre, wie schrecklich langsam gehn die Briefe! Meine auch?) erst heute, als man bald Licht anzünden mußte (mit einem von Barnekow zugleich). Als ich ihn sah, und so schwer, so wußte ich, er mußte viel für mich enthalten; aber ganz Liebes kommt einem immer ganz unverhofft. Vieles, liebster Freund, habe ich viel einfacher gesagt, als es ausgesehen haben muß. Nämlich grade das, was sie anführen. Und haben Sie mich mißverstanden, oder ich Sie, o, so ist es mir göttlich lieb! Freilich seh' ich Ihnen in die Augen! Aber zu meiner größten Ehre eher, als sie mir es sagten; unbefangen, mit voller Liebe. In die Augen, wo ich alle Menschlichkeit finde; wahren Trost, Sicherheit, Ersatz. Ich erlasse Ihnen viele Worte des echtesten strömendsten Wohlwollens; sie strömen besser als alle Vorwürfe! – Aber Sie sollen frei davon sein; und ich will sie allein, selbst bekämpfen, diese Flut! Ich sagte es ganz ehrlich: »Zwingen Sie sich nun nicht mehr, mir zu schreiben.« Nun, da ich so lange, trotz ihrem Versprechen »gleich zu schreiben«, hatte warten müssen. Zwingen Sie sich nun nicht, da ich dies ausgehalten habe, wo es mir so notwendig war, Sie es so einsahen. Die übrigen Stimmungen, in denen man nicht schreibt, sollte dies heißen, kenne ich. Und dies selbe sollte es auch heißen, wenn ich die Briefe gleich zurückforderte, ohne ein Wort von Ihnen. Böse, Marwitz, war ich nicht; denn, haben

Sie nicht den offenbaren Vorwurf gelesen? Wie er aus meinem Herzen kam; ganz wie er mich nur drin schmerzte. Sie sahen, fühlten mein Bedürfnis, so daß Sie selbst es mir zum Trost versprachen, und der Brief kam nicht! Dies sagte ich Ihnen klar: und haben wir nicht längst verabredet, daß arge Vorwürfe gar nicht gemacht werden können? Sehen Sie bis auf meinen schwarzen Herzensgrund: ich freue mich, daß ich Sie quälte: aber, bei Gott, ich wollte es nicht, und dachte es nicht.
Verzeihen Sie mir aber überhaupt meine Stimmungen jetzt! Ich habe ergründet, was es ist. Meine Brüder haben mich zu sehr gekränkt. Es waren die Letzten, die es konnten. Sie wissen, wie ich gegen Menschen stehe, und was ich erwarte, und wie hoch abgewandt ich mich von einem jeden zurückziehen kann. Wie anders aber ist es mit Geschwistern, wo Eltern, Vergangenheit, Glut, Gott und die Welt, Gesetz und Staat sie so vereinigt haben, ganz ohne Wahl, daß ein Trennen ein Zerreißen ebenso vieler organisch-lebendiger Fäden wird. Ich sehe sie noch, die Geschwister; äußerlich hängt noch alles zusammen, ich fühle aber eine Beleidigung, wie ich sie nie von nichts fühlte. Verletze ich sie, so verletze ich mich mit, und völlige Trennung von ihnen, da ich ihre Fasern so kenne und sie ewig meiner Hülfe bedürfen werden, und wahnsinnig drauf rechnen, verletzt und trifft mich wieder. So lauf' ich, wie Sie mich schon gehämmert kennen, dumpf, mit geschlagenem Herzen in dieser Stadt umher; wo nichts ist, wie Sie auch wissen, als was ich Ihnen beschrieb: ärmer in allem, als ich sonst war (mit physisch krankem Herzen). Nun nicht mehr, Lieber. Schon vor Ihrem Brief überlegt' ich's mir oft. Die Einsamkeit ist nicht für mich; trotz meiner regen, tätigen Sinne ist der stärkste, ich sehe es nun wohl (kurz vor meinem Ende beinah), mein Herz; soll das schweigen und ohne Gegenstand sein, so entsteht die Kerkerangst bei mir (der wahre Tod ist Kleinigkeit, der ist ein Aufhören einer Natur in die andere hinein – er sei nun, wie und was er wolle –), verdumpfen tun alle meine Sinne und Funktionen, und das ganze Leben zieht in die Angst hinein, über diesen Zustand! Ich seh' es ja; darf ich hoffen, Sie zu sehen, sind Sie hier, wäre Pauline hier, die mich tausendfach

erheitert, die ich vielfältig lieben kann: die ganze kadavereuse, verstaubte Stadt wäre mir belebt; und voll wären meine Tage, ich vermißte nichts; obgleich ich alle sterbliche Güter zu genießen wüßte. Ihre ehrenvolle herrliche Anrede an mich paßt also nicht auf mich, mein lieber lieber Freund. Mein Geist und Gefühl sind andere Helden! Ich kann mir »die Herrlichkeit des wahren Lebens« nur »schaffen« an der Seite eines Sterblichen, den ich lieben kann. Aber »der Gott in mir« wird mich »aufrichten«! Denn ich schaffe mir gewiß, was ich brauche, oder beweine es! In Dumpfheit wird mich mein Schöpfer nicht lassen.
Jetzt muß ich Sie verlassen. Ich bin zu Madam Frohberg auf ihre Schwester Julie gebeten. Wegen des Landrechts habe ich schon zu Hitzig geschickt; es ist mir erst zu Montag versprochen, ich bin aber mit Markus in Unterhaltung drüber, von dem ich's vielleicht bekomme. Nach Polen reise ich nicht; Meyer reist Montag (übermorgen) über acht Tage dahin. Und ich freue mich auf Marwitz! Adieu. Die Anekdote von dem sächsischen Handwerksburschen ist eine der großartigsten; es ist mir unendlich lieb, daß sie Ihnen begegnet ist; dem einfachsten Menschen. Ich gönne sie Ihnen mehr als mir. Sie sind nicht böse. Ich freue mich in der Seele, daß Sie es waren. Adieu, Liebster! Lieber Hamlet, welch ein Zufall!

Elf Uhr abends

Zu meiner eigenen Ruhe nur noch ein Wort. Heute an Sie! Sonst schlaf' ich trotz meiner unbändigen Schläfrigkeit nicht. Ich habe Hitzig noch heute geschrieben, daß es ihm Madam Frohberg morgen ganz früh schickt; er soll mir das Buch noch morgen schicken. Markus seines ist mit Annotationen, und er darf's nicht weggeben. Gute Nacht! Morgen noch über vieles. Sie schlafen schon im ruhigen Hause. Adieu!

Sonntag, neun Uhr morgens

Ich habe Ihnen gestern abend in der entsetzlichsten Eil rasend schlecht geschrieben: nicht eines, wie es aus dem andern hervorgeht, nicht ein bißchen Zustand, Stimmung ausgedrückt, Gedanken dargestellt. (Auch jetzt hat mich Meyer, schon bei den wenigen Worten, dreimals herausgeholt zu einer consulte). Daß Sie mir das Geld schickten, lieber Marwitz, darin hatten Sie ganz recht. Ich aber, die so gewiß einen Brief als viel dringendere Schuld erwartete, war betroffen, daß das Paket grade die erste Veranlassung war, wie es immer meiner Voraussetzung nach schien, und dankte wirklich beinah dem Gelde. Daß ich mich gestern abend in allem ärmer nannte, damit meinte ich nicht besonders das Geld; aber ich meine es sehr mit. Bedenken Sie, welche Gesellschaft ich verlor: welchen reichen geselligen Umgang, – den Aufenthalt bei meiner Mutter, der noch Sinn in mein Leben brachte – mein einziger nennbarer Titel –, und bei der ich wirklich dreimal reicher war, als noch vor einem Monat. Wie behaglich wenigstens dies alles meinen Aufenthalt hier machte; wie ich mich für andere regen konnte, ihnen und Freunden zu allen Tagesstunden angenehm sein konnte. Dies alles müssen Sie nur noch hören, damit Sie eine Einsicht in meine Zerschlagenheit bekommen, und mir die dumpfe Klage, den benommenen Sinn zugutehalten, mit dem ich Sie seit Potsdam quäle. Rechnen Sie dazu die Art meiner Komplexion, und was Sie schon von mir und meinem Leben wissen. Ich hatte beinah nie ein reelles mir Gehöriges; und mir ist genommen worden, und genommen. Schlag auf Schlag auf mich gefallen, seit Jahren! Dies alles erwägend werden Sie bei mir sogar noch Fassung finden. Kommt mir das Leben entgegen auch noch so kärglich, so bin ich immer da; selten dauert's länger als Augenblicke, daß ich ganz losgelassen meinen persönlichen Schmerz aus dem Herzen lasse, und nur mit meiner eigenen Erlaubnis in Gegenwart eines Freundes; bald bin ich immer wieder gefaßt, und zu seiner Rede, zu was ihm lieb ist, fertig. Nur in Briefen ist das anders. Wo kein Gegenstand meinen Blick trifft, kein fortschreitendes Verhältnis mich auffordert und in Anspruch nimmt, da bin ich nur mir selbst gegenüber, und schaue immer nur in mein Inneres: ein Vergangenes – Untätiges – was wahrlich zu herb wenigstens, wenn auch nicht zu schlecht, der großen sich bildenden Folgen wegen, für ein so zartes, leich tonangebendes Innre war. Dies ist aber alles schon

wieder vorüber mit Ihrem gestrigen Briefe. Seine Worte, und die Hoffnung, Sie zu sehen, entbanden mir das Herz, Leben sehe ich wieder überall: wie der Sommer den Winter vertreibt, man weiß nicht wieso; weil er da ist, man weiß nicht, wo der Winter bleibt, der vorher so wirklich da war; mit seinem Zusammenziehen, Erstarren, Dunkelheit, Trübe und Zugeschlossenheit.
Sie sehen, ich habe wieder mit einem Lobe von mir geendigt. Ich kann die Furie bei Ihnen nicht untergehen lassen. Sie und diese sind mir beide zu lieb. Aber wenn ich auch oft denke: auch ihm lügst du doch, man ist nicht wahr; so bedenke ich wieder: Sie kennen mich doch, und auch mein Elendestes, und ich bin aufrichtig genug zu wünschen, es möchte wahr sein. So ist es auch; denn nach und nach sage ich Ihnen ja alles; und es zeigt sich auch alles solchen Augen wie Ihren. – Harscher habe ich noch nicht gesehn – pensez!, vorgestern morgen aber Madam Herz, sehr hübsch und ganz natürlich. Sie frug mich nach Ihnen; ich sagte, Sie lebten sehr einsam, wären sehr fleißig und freuten sich auf Gerlach; sie wollte wissen, welchen; ich kannte aber die Vornamen nicht; ob Sie nicht herkommen würden, das wüßte ich nicht. Sie erzählte mir von Humboldts und Schlegels sehr einfach, und nach Gentz vergaß ich zu fragen. Wie sehr ich ihn geliebt habe, habe ich ihm gesagt; was ich ihm bin, weiß er; wie er ist, weiß ich; er hat das Bedürfnis nicht, mich zu sehen; tut dazu nichts, in so langer Zeit, also liegt er in meinem Heiligtume auch still, weit zurück. So kam es. Ich lieb' ihn für ewig, und werde ihm auch wohl schreiben. Dank für den Anfang, ich hatte ihn vergessen. Wolf habe ich seit der Zeit nicht wieder gesehen; Sie schreiben mir göttlich über ihn, das erzähl' ich ihm. Schreiben Sie ja über Adam Smith, es ist notwendig, finde ich nach Ihren Worten, die ich ganz verstehe. Er ist mehr als ein Mitregent Napoleons. Ein Zeichen, Produkt und Triebrad der Zeit: was er aber treibt, muß den vorschnellen Faulen gezeigt werden. Tun Sie es ja, solange er Ihnen noch gegenwärtig, und ganz wichtig ist, ehe Sie wieder zu noch größern Kreisen mit Ihren Gedanken kommen, und der Ihnen auch nur ein kleineres Bedingnis, eine kleinere Wirkung des großen Umschwungs aller Dinge scheint,

bewegt von so hohen, daß ein Mensch schon zufrieden sein kann, wenn er sie in sein Bewußtsein kriegt, zur Ausdehnung und Bereicherung alles Denkens. Machen Sie sich den jetzigen Augenblick zunutze; und setzen Sie ihn gleich auseinander. Sie können die Worte über ihn, die Sie mir gesandt haben, sehr gut dazu gebrauchen. Womöglich schaff' ich Ihnen heute noch irgendwo Friedrich Schlegel. Sie sind so fleißig, wie ich Ignorant es sein sollte. Aber ich gönne es Ihnen doch lieber als mir. Sprechen Sie nur von allem mit mir: ich verstehe es doch. Sie wissen es auch, und tun es! Ich bin wahrlich geboren zum Ignoranten. Weide ist doch auf diesem wilden Eiland, und fehlet alle Geistesspur des tätigen, sinnigen Menschengeschlechts, so sind gute Dämonen, die sich dieser Wildnis annehmen, und Anspruchslose herrlich bewirten. Bei Ihrem Reichtume müssen Sie auch einen solchen wilden Park haben, wo der Dämon gar aufpassend lauert, und Sie versteht; der ist mein Trot: nicht wie nichtige Nymphchen, die nicht wissen, was man will und sagt, finden Sie doch wenigstens à qui parler, und können immer denken, ich habe einen Herrn besucht! Sie sehen, ich werde ganz toll!

Ich verfolge Sie alle Tage in Sanssouci! Aber ich bitte, legen Sie sich nicht auf kalte Steine und Stufen! Auf sandigen, sonnigen trockenen Boden, wenn ich bitten darf! Ich habe darin mitzusprechen, Sie haben mir auch zu befehlen. Wie gerne käme ich hinüber. Ich will mich doch bei Leuten erkundigen, die hinfahren. Ich weiß, warum Sie's wünschen: damit nicht alle Blätter schon ab seien. – Noch habe ich, es ist nach halb elf, das Landrecht nicht; ich habe hingeschickt. Als ich gestern der Frohberg und Julien die Anekdote vom sächsischen Gesellen las – denn es mußten Ihre Worte sein –, sagte Julie ganz blaß, das ist zum Schaudern; man wird ganz kalt, als wie nach einer Pepermünze. Ich finde die Anekdote übernatürlich schön. So wirkt Geschichte; und ihr Wirken ist Geschichte. Seit fünfzig Jahren steht Sanssouci, und Welten haben sich umgekehrt, die Sieger es umwühlt; nun denkt der Sachse mitten im Garten, er ist nicht drin; das Lager soll erst kommen. So sinkt erst nach und nach

Meinung von Stand zu Stand herab; solche Kerle wandern noch in Deutschland herum; und in fünfzig Jahren weiß so einer erst von den Schaffwerken der jetzigen Eroberer. Und wie still macht die Anekdote! So still wird von Gemüt zu Gemüt Großes in schützender Unwissenheit bewahrt. Adieu! Sie kommen. Und ich schreibe Ihnen noch unterdes ein Stücker fünfzig bis sechzig Mal. Ihre Freundin

R. R.

Ich antworte noch nächstens über vieles aus Ihrem Brief. Leider sehe ich, kriege ich das Landrecht vom häßlichen Hitzig nicht. – Halb zwölf. Das Landrecht will nicht kommen. Der Brief muß fort, damit Sie wenigstens heute wissen, daß Sie es morgen bekommen.

Sonnabend vormittag
halb zwölf Uhr,
den 23. November 1811

Sagen Sie, Liebster, Bester, warum schreiben Sie mir wieder nicht? Ein Wort. Ich bat Sie darum; Sie haben mir auch zu antworten, wenn Sie wollen. Sie sind aber nicht ganz herkulisch, nicht sehr entfernt vom Flußfieber, in unleidlichem Wetter hier abgereist. Das verdiente wohl zwei Zeilen. Ich erwartete sie immer, und wollte nicht mit meiner Stimmung und meinen Angelegenheiten so zuplatzen. Gestern aber hätte ich Ihnen doch geschrieben, wenn mich nicht Heinrich Kleists Tod so sehr eingenommen hätte. Es läßt sich, wo das Leben aus ist, niemals etwas darüber sagen; von Kleist befremdete mich die Tat nicht; es ging streng in ihm her, er war wahrhaft, und litt viel. Wir haben nie über Tod und Selbstmord gesprochen. – Sie wissen, wie ich über Mord an uns selbst denke: wie Sie! Und niemals hör' ich dergleichen, ohne mich der Tat zu freuen. Ich mag es nicht, daß die Unglückseligen, die Menschen, bis auf den Hefen leiden. Dem wahrhaft Großen, Unendlichen, wenn man es konzipiert – kann man sich auf allen Wegen nähern; begreifen können wir keinen; wir müssen hoffen auf die göttliche Güte; und die sollte grade nach einem Pistolenschuß ihr Ende erreicht haben? –

Unglück aller Art dürfte mich berühren? Jedem elenden Fieber, jedem Klotz, jedem Dachstein, jeder Ungeschicklichkeit sollte es erlaubt sein, nur mir nicht? Siechen auf Krankheits- und Unglückslagern sollt' ich müssen, und wenn es hoch und schön kommt, zu achtzig Jahren ein glücklicher imbécile werden, und von dreißig an schon mich ekelhaft deteriorieren? Ich freue mich, daß mein edler Freund – denn Freund ruf' ich ihm bitter und mit Tränen nach – das Unwürdige nicht duldete: gelitten hat er genug. Sehen Sie mich! Keiner von denen, die ihn etwa tadeln, hätte ihm zehn Taler gereicht, Nächte gewidmet, Nachsicht mit ihm gehabt, hätt' er sich nur zerstört zeigen können. Den ewigen Calcul hätten sie nie unterbrochen, ob er wohl recht, ob er wohl unrecht, ob er wohl Recht, ob er wohl nicht Recht zu dieser Tasse Kaffee habe! Ich weiß von seinem Tode nichts, als daß er eine Frau, und dann sich erschossen hat. Es ist und bleibt ein Mut. Wer verließe nicht das abgetragene, inkorrigible Leben, wenn er die dunklen Möglichkeiten nicht noch mehr fürchtete? Uns loslösen vom Wünschenswerten, das tut der Weltgang schon. Dies von denen, die sich nichts zu erfreuen haben; forsche ein jeder selbst, ob es viele oder wenige sind ...

R. R.

Sonntag mittag zwei Uhr,
den 5. Januar 1812

Könnt' ich Ihnen doch mit einem Male alle meine Meinungen in Ihre Seele stellen, wie Sie vornehmlich gestern bei und nach Lesung Ihres Briefes vor meiner standen! Etwa gegen Mittag erhielt ich ihn; ich hatte nur die Zeit, ihn zu lesen, dann mußt' ich ausgehen; ich kann nichts tun, kaum schreiben, beim Lesen steigt mir auf eine ängstigende Weise etwas im Kopf auf; ich weiß nicht, ob es Blut ist, doch glaub' ich's nicht; dem Gefühle nach ist es wie eine Wolke oder gar ein Lebendiges im Kopfe, was mich drängt dadurch, daß es so ist, als drängte es sich selbst. Lauter verwirrte Schnupfen, die im zu verwirrten Nervenspiel keinen Ausweg mehr finden, und es erhöhen und weiter verwirren; mein Tod. Das Klima paßt durchaus nicht mehr zu mir, auch

meine Lebensweise nicht. – Meyer hat mir eine lange Liste mit Aufträgen zu seiner Wirtschaft hingelegt, welche alle sich der Zahl und den Geschäften nach in beinah das Doppelte zerspalten. Ich ging also weit und viel. In den langen, schneeigen, sonnigen, gemein bewegten Straßen tat ich nichts, als Ihnen antworten, in der Todesangst, daß morgen nicht ein Wort mehr davon da sein wird; wie es denn auch heute ist.
Lieber Freund, wie elend steht's mit uns! Ist es erhört? Heißt das gelebt? Keine Musik, kein Kunstwerk, kein reizend Ziel in Gesellschaft und Staat; wo auch das Auge, wenn auch durch noch soviel Mitteldunkel, hinblicken könnte. Kein Klima, kein Grün, keine Blumen, kein Gespräch, keine Liebe, keinen Gegenstand, dessen Anblick entzückte und einem die Welt entrückte, ersetzte, vergegenwärtigte, in lebendigem Farbenlichte stellte! Sind Menschen, sind wir dazu errichtet, um mit Gut und Blut an einem gespenstichen, zu nichts werdenden Gedanken zu nagen? Und wär' es die würdigste Idee, wie man es häufig nennt – das ganze Leben und seine Anlagen ins Werk zu setzen, dies allein ist die größte, vollste Idee für den lebendigen Menschen. Alle die Versuche zu leben, gemein oder im Gefühl der Vergeblichkeit aufkämpfend oder gar in bewußter Verzweiflung, sind furchtbar. Jede Extravaganz scheint mir richtig und erlaubt. Ich kann meine Gedanken hierüber nicht mehr mitteilen. Nur der Gemeine darf im trüben, schmutzigen, benebelt-ohnmächtigen Sinn sich nichts erlauben. Ist es erlaubt, daß eine Jugend wie die Ihrige so herabrolle? Erlaubt, daß ein Leben wie das meinige so verwese? Wer sich anders darin ergiebt als ich, hat kein Leben mitbekommen; besser ist er nicht. Ich bin ebenso außer mir über andere. Denken Sie sich alles hinzu, was ich Ihnen jetzt nicht sagen kann, und vielleicht ein anderes Mal sage.
Wie ich gewöhnlich das Wesentliche zu sagen vergesse, so hab' ich auch neulich Ihnen nicht gesagt, wie höchst zuwider es mir ist, daß ich nun nicht mehr so unschuldig wie sonst zu Goethen stehe. Mir ist es äußerst unangenehm, daß er nun auch so von mir bekrochen und besponnen ist, wie eine edle, reine Pflanze von Gespinst und Würmern. Ich bin gar nicht gern das Wurm und

bin keins. Warum können Sie alles so gut sagen, was Sie wissen, und ich gar nicht? Es ärgert mich rasend! »Ecossaise und Quadrille sind die Blüten ihres Daseins, der Mittelpunkt ihrer Gedanken, der einzig ungeheuchelte Ernst, dessen sie fähig sind.« Sie glauben, ich bin nicht bis in jeden Blutstropfen von dieser Wahrheit durchdrungen? Hätte ich es aber jemals ausdrücken können? Sie werden schon sehen, Marwitz! Nur über das Schlechte blasiert man sich, Sie können gar nicht mehr nach den Offizieren hinsehn. So haben Sie mir auch über Goethens Brief göttliche Worte geschrieben. Sein Brief ist, wie Sie sagen; und nicht anders. Sie hetzen mich noch mehr auf ihn. Mein Wesen hält die Liebe und Verehrung gar nicht mehr. Nun will ich Ihnen aber aus meinem Herzen keine Mördergrube machen. Sie lächelten neulich so, als ich Ihnen sagte, alle Worte von Goethe kämen mir ganz anders vor, wenn er sie sagte, als wenn auch andere Menschen dieselben sagten: als Hoffnung, Treue, Furcht etc. Sie lächelten, gaben mir recht, und erklärten meine Worte. Nun hören Sie aber das Unerhörte. So kommt es mir mit meinem Leben vor. Mich dünkt immer, in dem ernsten, aus dem blutigsten, lebendigsten Herzen gegriffenen Sinne tun die andern Menschen nichts. Ich denke so, nämlich noch nicht lange deutlich, und so sag' ich's Ihnen auch. Drum erkenne ich auch Goethens Worte, und jede Wahrheit von Menschen geübt. Diesmal find' ich an Varnhagens Brief keine Eitelkeit, Sie müssen sie mir zeigen, wohl aber das Beste minutieuser ausgedrückt, als das Gefühl davon mit sich bringt.
Salemon bringt Sie ganz herunter, eben weil er immer Anlauf zu nehmen scheint; nichts ist nervenreizender, meiden Sie ihn!
Ich habe allerlei Leute gesehen, Nostitz war ein paarmal bei mir und hat mir vorgestern Louis' Tod erzählt. Er starb, wie ich mir's dachte, echauffiert, ganz so, Bewegung und alles. Ich dachte selbst zu sterben. Ein Gemüt konnte seines kennen, das war ich; wir haben dieselben Fehler. Ich erkläre es Ihnen einmal. Der war mein wahrster Bruder. Ich bin übrigens nicht empfindsam über ihn, und weiß alles von ihm. Sie wissen es . . .
Hören Sie, ob es glaublich ist!! Seit ich von Urquijo getrennt bin,

hab' ich keinen Brief von ihm nachgelesen. In dem festen Gedanken, sie seien dumm, undeutlich geschrieben, und ich wüßte alles, was sie enthalten; und er hätte mich nie geliebt. Ich weiß nicht, ob Sie eine Idee von einem göttlichen Ausspruch haben. Von dem festen Zauber des Verliebtseins. Wissen Sie, daß dieser Mensch der arbitre meines Lebens war; und also bleibt. Daß er, und alles, was von ihm kommt, mir ewig, einzig wichtig bleiben wird und ist, ist auch wahr. Vorgestern nehm ich sein Paket Briefe, um meine Bulletins zu lesen, die hintenan geschrieben sind: ich lese die Briefe, erst einen, dann mehr; es sind die größten Liebesbriefe, so gut als meine. Was sagen Sie dazu? Das kann nur mir begegnen! Ich hatte es vergessen. Er hatte es mich aus Schmach und Zurückstoßen vergessen machen! Er konnte auch dies. Sie sind gar nicht so dumm! Voller verkehrter Eifersucht, die er oft deguisiert, oft nicht, die ich nicht verstand, weil mein in Liebe sterbendes Herz es nicht erriet, erraten konnte. Die Schrift ist äußerst klein; bis zwei Uhr hab' ich auch heute gelesen; die Nacht. Mein letztes Leben ging in Tränen dahin. Welch ein verrückter Fluch! Auch er liebte mich. Die Marter war zu groß, der Verlust zu erschöpfend. Und heute bin ich zu müde, zu blind. Adieu! Wollen wir fliehen? Wälderwärts ziehen. Adieu.

Nach jedem Ausspruch der Trauer komme ich in eine Art von Vergnügtsein hinein. Ist es mit allen Menschen so? oder bin ich besonders heiter und gesund geschaffen? Auch hat es heilend, gütig, sanft, wohltätig nach unendlichem Fasten mein Herz berührt, daß er doch auch in Tönen der Liebe zu mir sprach, und die Götter mir wohl alles verbittert aber nicht alles versagt haben. Sie sind viel zu jung für einen Beichtvater; und um das Verkehrte doch wenigstens recht zu machen, habe ich Sie zu meinem gemacht. Ich segne Sie, lieber Vater!

Aus dem Tagebuch (1811–1812)

ALS ICH FINCKENSTEIN DAS LETZTEMAL GESEHEN HATTE

Gestern vormittag, den 20. Mai 1811, war Finckenstein bei mir. Er frug nach niemand. Auch nicht, wie es mir geht. Er schien mir wie sonst, nur daß alle Anlagen und Meinungen in ihm ganz kompakt geworden sind; er ist auch darüber so gelassen und sanft und befriedigt, als wäre er wirklich in den Tempel der Weisheit und des Glücks eingegangen. So fand ich auch sein Gesicht wie sonst; nur selten in Bewegung; und unter den Augen etwas Falten, die das Leben hinter sich läßt; die Gestalt etwas breiter und fester, die ganze Haltung gesetzt, aber wie durch vielen Zwang und Ermüdung, das Ganze gut, in dieser Art. Er sagte mir mit einem Male: »Ich wünschte sehr, daß Sie meine Frau sähen, wie sie Ihnen gefällt.« Ich blieb sitzen, er blieb sitzen, die Sonne schien sanft. Ich darf mir also nichts Entsetzliches denken, was nicht eintrifft. Sonst, in meinem Unglück, dacht' ich mir solche Szenen aus, und Taten von mir, die sie endigten! Gestern saß er auf deinem Sopha still neben mir, ich neben ihm, als hätte er recht. Meine ganze Seele war so empört, so in Aufruhr, mein Herz so affiziert, als vor zwölf Jahren; als wäre in der ganzen Zwischenzeit nichts anderes vorgefallen. »Dein Mörder!« dacht' ich, und blieb sitzen. Tränen kamen mir in den Hals und zu den Augen, daß ich ihn ganz ruhig, ganz beruhigt über mich, sitzen sah. Wie eine ihm zugestandene Kreatur fühlte ich mich, er hat mich verzehren dürfen. Er, mich! Gott soll es ihm verzeihen, er soll es sich verzeihen, – dies Gelübde halt' ich gewiß; rächen will ich mich auch nie! – Ich kann es ihm nicht verzeihen! –

Wenn ich nicht ein ganz neues Herz kriege, mit diesem nie. Keine Krankheit, keine Offenbarung, keine Umschmelzung in mir, vermag dies zu bewirken, das sehe ich. Vielleicht giebt's

Menschen, deren Herz sich umwandeln kann: viel ist mit mir vorgegangen, viel hab' ich erleben müssen; aus jeder Flamme aber noch bring' ich das unversehrte und auch empörte, ganz für sich selbst lebende Herz heraus. Ich kenne ihn ganz, den Finckenstein. Ich habe Urquijo geliebt, wie man es nicht weiß, wie ich denen wünsche geliebt zu sein, die ich noch verehre. Hier will ich aber zu Kenntnis derer, die es vielleicht zu Gesicht bekommen, etwas aufschreiben, was wahr ist, wenn es auch nicht begreiflich scheint; mir war es selbst unerwartet. Finck war meinem Sinne ganz entschwunden; ich klagte ihn bloß an, wenn ich den Gang meines Lebens durchdachte; achtete ihn wenig; als einen beschränkten, unfesten Mann, der wie solche auch störrisch sein kann; würdigte ganz das, was er Gutes und Liebliches hat; dachte aber schon seit langer Zeit – in der letzten mehr – in großen Pausen gar nicht an ihn. Und nun, da ich ihn sah und besah: fühlt' ich, wußt' ich, daß ich ihm treu geblieben war; so wie er ist: trotz meiner Kenntnis von ihm. Ich würde ihm treu geblieben sein, hätte er es gewollt, hätte er es erlaubt. Hätte er gestern durch einen Zauberring alles, was in den zwölf Jahren vorgefallen ist, ungeschehen machen können, so hätte er sich mein ganzes Leben wieder anlocken können, wenn er gewollt hätte! Dieses Laster nun von mir (– denn wie soll ich es nennen, wie ansehen? – ich tadle mich nicht: ich kenne mein Herz ganz: es ist gierig, es muß lieben; und es ist treu, denn es ist stark und ganz) – wird Tugend genannt bei Damen, bei solchen Frauen, denen es gut geht. –
Dies ist aber noch nicht genug, nicht verworren genug von mir! – obgleich es mir ganz deutlich in mir ist. – So hätte auch Urquijo mich treu behalten, wenn er es gewollt hätte: so könnte es noch ein Künftiger, wenn ich noch hoffen könnte. Wer dies nicht versteht, mag es lernen: und wer es tadelt, versteht es nicht. – Als ich Finck frug, ob die Gräfin Finck mit Brizzi, den ich für ihren Bruder hielt, Ähnlichkeit habe, sagte er mir, daß sie die Schwester der Madame Brizzi sei; worauf ich dann frug, ob sie auch so dicke Arme habe – Madame Brizzi hatte unverhältnismäßige –; er sagte: »Nicht ganz so«, und frug mich ganz erschrocken, ob

ich das nicht liebe? – »O sehr«, sagte ich, weil es wahr ist. »Ich auch!« erwiderte er lächelnd und winkend; und war ganz vergnügt über meine Approbation. – Er war noch ganz boutonniert gegen mich; nämlich ganz freundlich, aber nicht wie ein Freund. Er wagte keine Frage, nach nichts, und nach niemanden. Also unschuldig ist er nicht. Unser Gespräch bestand in Fragen von mir: ich frug nach der ganzen Welt, und nach allem. Nach seinem Wohlsein hatte ich nicht nötig zu fragen; denn er sagte mir: »In Wien war ich außerordentlich glücklich.«
Im ganzen genommen betrug er sich, nur modifiziert, akkurat wie Urquijo in meiner Gegenwart. Pfui! Wenn ich einem etwas getan hätte, verfolgt' ich ihn; ich brüskierte ihn. Dies Sein hielt' ich nicht aus, und stellt' es ab um jeden Preis! Daß ich sie noch sehe – das ist meine Neugierde. Ich muß von allem wissen, wie es wird, wie es ist: so habe ich, von Kindheit an, den größten Trieb gehabt, Leichen zu besehen. Wie mir bei allem wird, und werden wird, was natürlich zugeht, wird mir immer unübersteiglich wichtig, und hemmt jeden Affekt.

Einige Stunden später

Ich habe keine Grazie; und nicht einmal die, einzusehen, woran das liegt: außerdem, daß ich nicht hübsch bin, habe ich auch keine innere Grazie. Das denk' ich schon sehr lange; aber so ganz bestimmt, noch nicht so sehr lange; ich nahm es zu lange einzeln, und sah es nur einzeln ein; wie ich es oft mit vielen Dingen mache. Ich kann es gar nicht einsehen, woran es liegt, da ich mich doch oft überaus unschuldig finde; lebendig und beweglich bin, und dies so überaus an anderen liebe. Doch ist es ausgemacht, daß ich eklig bin. Ich sagte auch vor langen Jahren einmal zu Jettchen Mendelssohn, die überaus frappiert davon war: Ich bin unansehnlicher als häßlich. So bin ich in allem. So wie manchmal Menschen keinen hübschen Zug im Gesichte, keine zu lobende Proportion am Körper haben, und doch einen gefälligen Eindruck machen; recht tadelnswürdige Gemütseigenschaften haben, und doch angenehm sind; so ist es bei mir umgekehrt, ich könnte für die Untersuchung ganz hübsche Teile haben, die ich nicht habe, und wäre doch nicht lieblich. Ich bin nicht so unglücklich, als man denken sollte, wenn ich mir dies recht überlege; im Gegenteil, dieses Denken macht mich sehr ruhig. Und ich vergöttere doch gewiß Schönheit, bete sie an. Kenne ihre ganze Macht, ihr ganzes Glück, was sie giebt und mit sich führt. Ich habe mir's ein wenig überlegt.

Die Mißgeschicke, die unmittelbar vom Himmel kommen, ertrag' ich immer mit ganzer Seele, ruhig. Wo aber Unbill von Menschen ausgeführt mich befährdet, da ist meine Seele nicht zusammen, und dies kann ich gar nicht ertragen. Auch habe ich gefunden, daß ich das Allernötigste, das Natürlichste, die rechtmäßigste Lebensnahrung gewiß gelassen entbehren kann, wie ich noch von keinem sah; aber meine Ansprüche unter und an Menschen müssen mir nicht betrügerisch vorenthalten und entrückt werden.

Wo von Recht und Sitte die Rede ist, muß es mir gehalten werden; an offenbare Gewalt gäbe ich auch das ruhig hin; gestohlen aber mit Heuchlerworten und -taten muß es mir nicht werden, und dieses Stehlen von Staat und Gesellschaft konniviert werden. Mein Ehrgeiz geht bei mir über alles: diese Empörung halt' ich dafür. Denn nie ist mir eingefallen, mehr als andere sein zu wollen, oder ihnen ihr Recht nicht zu tun.

Juli 1812

Nun will ich meine fünf Träume aufschreiben, in der Folge, wie sie mir träumten. Vor zehn Jahren hörte ich auf, den ersten zu träumen, der mir wohl sechs Jahre bald öfter bald seltener träumte. Ich befand mich immer in einem vornehmen Palast, vor dessen Fenstern gleich ein großartiger Garten begann; eine mäßige Terrasse vor dem Gebäude, und dann gleich große Linden und Kastanienbäume auf einem beinah unregelmäßigen Platze, der zu Gängen, Teichen, Laubgängen und dem Gewöhnlichen in solchen Gärten führte. Die Zimmer des Gebäudes waren immer erhellt, offen, und die Bewegung einer großen Aufwartung darin; so sah ich immer eine ganze Reihe geöffnet vor mir da; in deren letztem eigentlich die Gesellschaft der

vornehmsten Personen war, wovon ich jedoch keinen Einzelnen mir denken konnte, obgleich ich sie alle kannte, zu ihnen gehörte, und zu ihnen hin sollte. Dies aber, ungeachtet die Türen offen waren, und ich wohl ihre Rücken, an einem großen Spieltische – wie eine Bank – sah, konnte nie geschehen.
Mich hinderte ein Unvermögen, eine Lähmung, die in der Luft der Zimmer und in der Erhellung zu liegen schien; ich dachte mir diese Hemmung nie im ganzen, und glaubte nur jedesmal von andern Zufälligkeiten gehindert zu sein; und gedachte auch jedesmal zu meiner Gesellschaft zu kommen. Jedesmal aber, wenn ich noch sechs bis acht Zimmer von ihr entfernt war, stellte sich ein Tier in dem Zimmer ein, wo ich war, welchem ich keinen Namen geben konnte, weil seinesgleichen nicht in der Welt war; von der Größe eines dünneren Schafes, als Schafe gewöhnlich sind; rein und weiß wie unbetasteter Schnee; halb Schaf, halb Ziege, mit einer Art von Angora-Haaren; bei der Schnauze rötlich wie der reinlichste, reizendste Marmor, Aurorfarbe, die Pfoten ebenso. Dieses Tier war mein Bekannter; ich wußte nicht, woher: es liebte mich unendlich: und wußte es mir zu sagen, und zu zeigen: ich mußte es behandeln wie einen Menschen. Es drückte mir mit seinen Pfoten die Hände, und das ging mir jedesmal bis in's Herz; es sah mich so voll Liebe an, wie ich mich nicht erinnere eine größere in eines Menschen Auge gesehen zu haben; am gewöhnlichsten nahm es mich bei der Hand, und da ich immer zur Gesellschaft wollte, so durchschritten wir die Zimmer, ohne jemals hinzukommen; das Tier suchte mich zärtlich, und als hätte es wichtige Ursachen davon abzuhalten; weil ich aber hinwollte, so ging es in Liebe gezwungen immer mit. Nicht selten auf die sonderbarste Weise; die Pfoten nämlich bis zum zweiten Gelenk unter den Dielen; durch die ich auch nach einer andern Etage hinuntersehen konnte, und die doch fest waren; manchmal ging auch ich so mit dem Tiere; bald im Erdgeschoß, bald eine Treppe hoch, meist unten. Die Bedienten merkten gar nicht auf uns, obgleich sie uns sahen.
Ich nannte diesen liebenden Liebling mein Tier; und wenn ich eher da war, so fragte ich nach ihm: denn es übte auch auf mich

eine große Gewalt aus, und ich erinnere mich nicht, in meinem ganzen Leben wachend eine so den Sinnen nach starke Empfindung gefühlt zu haben, als mir der bloße Händedruck dieses Tieres machte. Dies aber war es nicht allein, was meine Anhänglichkeit ausmachte; sondern ein herzüberströmendes Mitleid; und daß ich ganz allein wußte, daß das Tier lieben, sprechen konnte, und eine menschliche Seele hatte. Besonders aber hielt mich noch etwas Geheimes: welches zum Teil auch darin bestand, daß keiner mein Tier sah oder beachtete, als ich; daß es sich an keinen wandte; daß es ein tiefes vielbedeutendes Geheimnis zu verschweigen schien, und daß ich nicht ungefähr wußte, wo es war und hinging, wenn ich es nicht sah. Doch befremdeten und beunruhigten mich diese Dinge alle nicht einmal bis zur Frage an mich selbst; und im ganzen fesselte mich des Tieres Liebe, und sein anscheinendes Leiden davon, und daß ich es durch meine bloße Gegenwart so überirdisch glücklich machte, welches es mir immer zu zeigen wußte.

Manchmal nur, wenn es mich so bei der Hand führte, und ich sie ihm innig zärtlich wiederdrückte und wir uns in die Augen sahen, so erschreckte mich der Gedanke plötzlich: Wie kannst du einem Tiere solche Liebkosungen erzeigen: es ist ja ein Tier! Es blieb aber beim Alten; diese Auftritte wiederholten sich mit kleinen Abwechslungen immer wieder: nämlich immer in neuen Träumen: in demselben Lokal.

Es kam aber, daß ich lange diesen Traum nicht gehabt hatte; und als er mir das erstemal wieder träumte, so war alles da, das Schloß, die Zimmer, die Bedienten, der Garten, die Gesellschaft; ich wollte auch wieder hin; nur war etwas mehr Bewegung, und eine Art Unruh in den Zimmern, ohne sonstige Störung nach Unordnung; ich sah mein Tier auch nicht; welches, wie mich dünkte, mir schon sehr oft gefehlt hatte, eine lange Zeit her; ohne mich besonders zu kränken noch zu befremden, obgleich ich mit den Dienern des Hauses davon gesprochen hatte. Weil die unruhige Bewegung mich noch mehr störte, als die gewöhnliche Gewalt, die mich vom letzten Zimmer abhielt, so trat ich de plain-pied aus großen Glasfenstern auf die Terrasse, die sich bald

in den Platz mit Bäumen ohne weitere Grenze verlor; dort waren zwischen den alten Bäumen hin und her helle Laternen auf großen Pfählen angezündet; ich betrachtete müßig die erleuchteten Fenster des Schlosses, und das prächtig beschienene große Laub der Bäume: die Diener liefen häufiger und mehr als sonst hin und wider; sie beachteten mich nicht, ich sie nicht. Mit einem Male sehe ich dicht an einem großen Baumstamm, halb auf seiner starken Wurzel, mein Tier zusammengekrümmt, mit verstecktem Kopf, auf dem Bauch schlafend liegen: es war ganz schwarz mit borstigem Haar: »Mein Tier!« schrei ich, »mein Tier ist wieder da«; zu den Bedienten, die mit Geräten in den Händen und Servietten über den Schultern, in ihren Gängen bloß gehemmt, aber nicht ganz nahetretend, stehen bleiben. »Es schläft«, sag' ich; und tippe es mit der Fußspitze an, um es ein wenig zu rütteln: in demselben Augenblick schlägt es aber über sich um, fällt auseinander, und liegt platt da als Fell; die rauhe Seite auf der Erde, trocken und rein. »Es ist ein Fell, es war also tot!« rufe ich. Der Traum schwindet: und nie hab' ich wieder von dem schwarzen noch dem weißen Tier geträumt. – In dieser Zeit kannte ich Finckenstein, der sehr ziegelblond war, nachher Urquijo, der braun war; fast schwarz; wenn ich den Traum deuten soll, was ich zur Zeit nicht tat: so war der borstig gegen mich, und ich fand kein Herz.
In meinem dritten Traum befand ich mich auf einem äußersten Bollwerke einer sehr ansehnlichen Festung, welches sich in breiter, flacher, sandiger Ebne weit von dem Orte ab hinausstreckte. Es war heller lichter Mittag; und das Wetter an diesem Tage einer von den zu hellen Sonnenscheinen, die eine Art von Verzweiflen hervorbringen, weil sie nichts Erquickliches haben, durch keine nahrhafte Luft dringen, oder auf Gegenstände fallen, die auch beruhigenden, ergrünten Schatten werfen könnten. Dieses Wetter wirkte um so mehr, als die ganze Gegend aus dürrer, vegetationsloser, sandsteiniger Erde, die sich in wirklichem Sande verlief, bestand; holperig und uneben; wie Orte aussehen, wo man Sand gräbt. Dieser zu helle und alles zu hell machende Sonnenschein reizte mir Augen und Nerven nur zu

sehr auf; und ängstigte mich schon auf eine eigne Weise. Man sah auf der unseligen Fläche nichts; und der Eindruck davon war, als ob die Sonne zornig durcheilte, diesen nichtswürdigen Ort nicht gar umgehen zu können! So stand ich dicht mit der Brust am Rande dieser alten Schanze – denn sie war beschädigt, wie vieles umher – von einem ganzen Volke hinter mir gedrängt; diese Menschen waren alle wie Athenienser angezogen, F. stand neben mir, mit bloßem Haupte, wie sie gekleidet, aber in rosenfarbenem Taffent; ohne im geringsten lächerlich auszusehen. Ich sollte von dieser Schanze, die die letzte der ganzen Festung war, hinuntergeworfen werden; tief hinab; unter Steine, kalkige Sandgruben, und ganz verfallene Festungsstücke und Schutt. Das Volk verlangte es; und schrie zu F., der ihr König war, er möchte Ja sagen! Er stand grausam verbissen da, und sah nach der Tiefe: man schrie immer stärker und heftiger, und forderte sein Ja; immer dichter an mir; sie faßten, mit den Augen auf F., an meine Kleider; ich suchte ihm in die Augen zu sehen, und schrie immer: »Du wirst doch nicht Ja sagen?« Er stand unbeweglich verlegen da; verlegen gegen das Volk, noch nicht Ja gesagt zu haben. »Du wirst doch nicht Ja sagen?« schrie ich wieder; das Volk schrie auch: und er: »Ja!« sagte er. Man ergriff mich, stürzte mich über den Wall; von Stein fiel ich zu Stein, und als ich nach der letzten Tiefe kommen sollte, erwachte ich.

Und wußte in tiefster Seele wohl, wie F. gegen mich war. Auch machte mir der Traum ganz den Eindruck, als ob die Geschichte wahr gewesen wäre: ich war still; aber ich hatte mich nicht geirrt.

Vierter Traum: Ich lag auf einem breiten Lager mit einer grauen Decke zugedeckt. Auf demselben Lager mir gegenüber, ohne mich zu berühren, die Füße auch unter der Decke, mir etwas rechts, lag Bettina Brentano und in Bettinens Richtung, ihr rechts, mir aber links, die Mutter Gottes. Deren Gesicht ich jedoch gar nicht deutlich sehen konnte; wie über alles zu Sehende eine äußerst feine, ganz dünn-graue Wolke zu sein schien, die aber am Sehen nicht hinderte, nur auch – wie eine Luftart –

gesehen wird. Dabei war es mir, als hätte die Mutter Gottes der Schleiermacher ihr Antlitz.
Wir waren am Rande der Welt. Dicht rechts neben dem Lager war ein großer Streif Erde ziemlich tief unter uns zu sehen, etwa wie eine sehr große Chaussee; darauf liefen kleingesehen Menschen hin und her und trieben der Welt Gewerbe; nur flüchtig und als nach einer sehr bekannten Sache sah ich dahin. Wir waren die Mägde der Erde und lebten nicht mehr; oder vielmehr wir waren vom Leben geschieden, – auch ohne Verwunderung für mich noch Trauer noch Gedanken an den Tod – und sollten nach meinem dunklen Wissen nach einem Ort: unser Geschäft aber auf diesem Lager, nämlich unsere Beschäftigung war, uns abzufragen, was wir gelitten haben, – eine Art Beichte!
»Kennst Du Kränkung?« fragten wir uns zum Beispiel; und wenn man nun diesen Schmerz im Leben empfunden hatte, so sagten wir: »Ja! die kenne ich«, mit einem lauten Schmerzensschrei und dieser Schmerz eben, wovon die Rede war, riß sich hundertfach schmerzhaft aus dem Herzen: man war ihn aber los auf ewig, und fühlte sich ganz heil und leicht. Die Mutter Gottes war immer still, sagte nur »Ja!« und weinte auch; Bettina fragte: »Kennst Du Liebesschmerz?« Wimmernd und wie heulend rief ich unter rinnenden Tränen, ein Schnupftuch vor dem Gesicht, ein langes, langes »Ja!« – »Kennst du Kränkung?« – »Ja!« wieder so. »Kennst du Unrechtdulden, Ungerechtigkeit?« – »Ja!« – »Kennst du gemordete Jugend?« – »Ja!« wimmere ich wieder in langem Ton, in Tränen zergehend.
Wir waren fertig, die Herzen rein, meines aber noch mit schwerer Erdenlast gefüllt; ich richte mich auf, sehe die Weiber erregt an, und will meine Last mir entnehmen lassen; mit schwer gesprochenen Worten, überdeutlich, um auch ja hierauf die Antwort Ja zu erhalten, frage ich: »Kennt Ihr – Schande?« Beide rücken vor mir zurück wie in Entsetzen, noch etwas Mitleid in der Gebärde, sie sehen einander flüchtig an, und bemühen sich trotz des engen Raumes, sich von mir zu entfernen. In einem an Unsinnigkeit grenzenden Zustand schrei ich: »Ich habe nichts getan! Getan hab' ich nichts. Ich habe nichts getan. Ich bin

unschuldig!« Die Weiber glauben mir, das sehe ich an dem starren, nicht mehr unwilligen Liegenbleiben, aber sie verstehen mich nicht mehr. »Wehe«, schrei ich unter Tränen, die mir das Herz wegzuschmelzen drohen, »die verstehen mich auch nicht. Also niemals! Diese Last muß ich behalten; das wußte ich. Ewig! Gnädiger Gott! Wehe!« Außer mir, wie ich war, beschleunigte ich das Erwachen. Und auch erwacht blieb mir die Last, denn ich trage sie wirklich; und könnte es Menschen geben, die es ganz verständen, so würde mir auch leichter.

Fünfter Traum. Diesen schrieb ich Marwitz gleich den Morgen nachher, als er mir geträumt hatte, weil ich ihn nicht vergessen wollte, und er mich sehr affiziert hatte.

Briefe an August Varnhagen

Donnerstag, den 15. September 1808

Ich habe geschlafen, mein Lieber, Lieber. Könnte ich es von Dir doch auch hören! Du hast gestern mein ganzes Herz gestärkt! So kann ich das Scheiden, die tolle harte Trennung ertragen; und ein Gedanke: der Gedanke, daß sie auch Dir bitter ist, daß sie nicht ewig dauern soll, rüstet mich ganz aus weiterzuleben, sie zu ertragen. Den Augenblick erträgt man ja immer; nur den Gedanken nicht, daß alle folgenden öde sein werden, je weniger man sie unwürdig macht, wenn man Leben spürt, und einmal weiß, wie das wirken muß, und drängt! Dein Betragen, obgleich ich es nicht nennen kann, so gut als wäre es das Gegenteil, und auch nicht zu bezeichnen – hat mich unsäglich gestern getröstet; darum fühle ich mich so gedrungen, es Dir zu sagen. Merktest Du es? O! könnt' auch ich mit dieser Eisenkraft Deine Seele berühren! Nicht für mich allein, auch für Dich, Lieber, Bester! Lasse nicht leicht von mir los; Du verlierst eine Welt an mir. Nie, nie findest Du vielfältigeres, leichteres Leben mit dieser innersten, innigen Treue, mit dieser Sicherheit und diesem Maße zusammen. Ich bin sonst in nichts etwas; ich weiß es, wie ein anderer es wissen kann; aber mein Gutes ist doch einzig, das fühl' ich, wie man seine Existenz fühlt. Es ist ja doch genug, daß wir uns jetzt grade trennen müssen: zerstäuben wollen wir uns nicht! Ach! ich habe gar keine Lust dazu!

Sieh, wie ich Gentz liebe, mit dem ich keine zärtliche Verbindung hatte, der beinah acht Jahre weg ist, wozwischen ich durch das spanische Fegefeuer gegangen bin, und ermesse!

Ich scheue mich etwas, Dir meine Briefe an Urquijo zu geben! Weil darin meine größte Türpitüde ans Licht gebracht ist: so erniedrigend darf man sich auch in der größten Leidenschaft nicht von Schmerz auseinanderzerren und herumschleppen lassen: jetzt weiß ich es, und dies ist die eine ganze Hälfte der Ursache, warum ich wohl lieben, aber nie wieder einer langwierigen Leidenschaft im Bösen – im Guten wird es immer nur Liebe – in mir Nahrung geben werde, und kann. Ich habe das Feige und Verderbte immer darin erkannt, aber redlich, erlaube hier das Wort, geübt: man ergiebt sich der Liebe; guter, oder schlechter, wie einem Meere, und nun bringt Glück, Kräfte oder Schwimmekunst Dich über, oder es verschlingt Dich als sein. Drum sagt Goethe: »Wer sich der Liebe vertraut, hält er sein Leben zu Rat?« Bedenke aber, wenn Du die Briefe liest, daß er nie sagte, er liebe mich nicht, ewig bei mir war, nur meine Liebe nicht glaubte, sie aber durch seine nie zu erfassende Eifersucht bis zum Grade der Raserei reizte. »Je t'aime, mais je ne t'estime pas«, sagte er tausend- und tausendmal. Und so konnte er meine Leidenschaft bis zur Durchsichtigkeit auseinanderzerren. »Je t'estime, mais je ne t'aime plus«, sagte er den letzten Monat: und da packt' ich mordgewaffnet mein eigen Herz, mit meiner Hand; und ging; wie aus dem Leben. Denn ich wußte, es war wie zu einem schwarzen Tod: und schrieb selbst: Ich wähle die Verzweiflung, die ich nicht kenne! Es war ein langes Morden. Und es entstand eine Wüste, die schrecklicher als Schmerz, Riß und Vermissen des Geliebten ist. Tadle mich, wie ich die feige Niedrigkeit tadle. Aber dies bedenke: und daß die Natur in ihm – und in mir zu diesem Zauber – einen Zauber für mich gelegt hatte, wogegen das hellste Bewußtsein des Denkens nicht schnell genug arbeiten konnte. Der Eindruck war stärker. Dies ist Liebe: und daß doch nur die Ehrfurcht vor dem Würdigen, das Verabscheuen des Unsinns und der Niedrigkeit, also ein Eid in Zorn, mir den Mut zum Mord gab; der allmächtige Gott, wenn er mein Bewußtsein kennt, weiß, daß es einer war. Nun lies die Briefe! Heute bekommst Du sie. Sieh das schöne Wetter! Ich wundere mich über alles, wenn ich davon spreche; daß ich mich freue, daß ich noch liebe. Adieu, Du Lieber. Doppelt und mächtiger drücke ich Dich nach dieser Erzählung an mein Herz! »Ja wohl die Liebe unsterblich ist.« Solange man lebt, gewiß. Liebe mich auch!

Rahel

Berlin, Montag, den 12. November 1810

Ich kann gar nichts Besseres tun, als heute abend gleich auf der Stelle auf Deinen Brief aus Steinfurt antworten. Ich weiß aber nicht wie! – beinah zum erstenmal im Leben, – Du wirst es schwer glauben wollen; ich habe die Grazie verloren; ich kann nicht mehr leiden, und lieblich schweigen. Das konnt' ich sonst, und habe es, so wahr ein richtender, wissender Gott lebt, lang geübt, und wie kein Erdenmensch! Man kennt seine Kräfte nicht, sowie man nicht weiß, wenn man sterben soll; nun kann ich es, mir selbst plötzlich, nicht mehr. Richten, schlichten, sichten kann ich von weitem nicht, gar nicht mehr. Ich kann unrecht haben, in Beurteilung – ich habe es gewiß – der Erscheinung Deines äußeren Seins: aber daß du mich Zeit, Geld und Behagen, und Ruhe gekostet hast, bleibt wahr, wie es wahr ist. So wisse auch Du, daß Du es nicht wissen konntest, ohne es zu raten; weil ich es Dir mit meiner jugendlichen Grazie verschwieg, verbarg. Weil unser Zusammensein – laß es mich so nennen – ein paar Jahre mein Ziel, mein Zweck war. Daß ich Dir die unbedingte Freiheit vorhielt, verführte Dich. Das war recht, muß ich noch einmal sagen: es war recht, daß Du Leben, Welt, Krieg, Existenz aus Deinen Mitteln suchtest, begehrtest, fandest. Was aber in der Welt, soll ich dabei machen als Dir gratulieren. Wär' ich jung, und Europa kindisch, oder jung, oder jetzt eben reizend, so sucht' ich mir auch ein Schicksal in der Welt. So aber bin ich nur auf die Natur verwiesen; und das Glück, was ich habe, besteht noch in der Einsicht darüber. Sonst wär' ich gar lächerlich, und in agitation; elend. Du hast weise gesehen. Ruhe will ich haben, Lieber! Wie hast Du dies Wort aussprechen können, und noch so viele andere?! Und wie kommt es, daß Deine Worte, so in Liebe gedacht und geschrieben, mir das Herz aufreißen und drücken? Wieso versteht alle Deine Liebe mir nicht wohlzutun? Laß mich in der Ruhe, die mehr als Schlachten mir endlich eingedrückt hat! Laß mich, bis wir uns sehen! Ich habe nach Dir einen Menschen gekannt, von dem ich nichts mehr weiß, mit dem ich's auch scharf nahm. Ich kann nicht mehr anders. Ich habe gebüßt genug auf der Erde, mit dem ganzen Erdenleben – (meine jetzigen Tränen, dies Schreien, und Herzpochen, ist kein Mensch, kein Glück wert. Laß mich ruhen!) – für die Lüge, daß ich nicht forderte, was ich verlangte, und gab. Laß mich endlich! Laß ab! Ich sterbe. Ich bin so kränklich. Kannst Du etwas Gutes für mich, so tue es; aber zerlege mein Herz nicht. Es ist verdammt hier, gewiß! und physisch krank. Laß mich, ernst, still, und sein wie ich kann. Nach meiner großen Verunglückung der Geburt und des Lebens dacht' ich: die sagen, sie lieben mich, zu denen könnt' ich sprechen; auch nicht. Nun, gut! der Schmerz war nichts, gegen den anderen. Auch ist für mich alles Schicksal, Entwickelung, Geschichte. Ich schiebe nichts auf Menschen. Ein höheres Gebiet regiert dies. Dies ist meine ganze Religion; darin leb' ich. Aber laß mich endlich. Ich habe viel Unglück erlebt: dazu hatte ich Talent: der größte Virtuos bin ich darin. Heraus bin ich aus der Sphäre; mein Los ist raus aus dem Lotto; am Körper kann ich nur noch torturiert werden: mit der Natur hab' ich noch zu schaffen. Laß mich! Ich bitte Dich! Sehen wir uns, so findest Du mich lebendig wieder: nicht allein nicht begraben, sondern zum Weiterleben, mit Geist, und Verstand, und aller redlichen, lebendigen Teilnahme, fertig. Was sollt' ich wohl noch sagen! Weißt Du was?

Die Universität, wenn sie auch, als bloßer Anfang zu einer, verscheiden muß, ist schön; und wahrlich einem jeden hier nach seinen Kräften lieb. Sie ist ein Produkt des Geistes. Mitten in der Besiegung, der Armut, ja der Furcht, der Störung, erdacht, entworfen, angefangen! Ein Grünen der Erde durch ihr eigenes Feuer, möge Phöbus gnädig leuchten, und keine Pfeile den Kühnen schicken! Neumann ist seit dem September noch mit dem Grafen auf den Gütern. Mit Fouqué bin ich durch meine Krankheit außer Korrespondenz. Doch lese ich viel von ihm; er und die Baronin schreiben Robert. Ich bin in Briefwechsel mit Gentz; mein einzig Vergnügen. Marwitz soll in Friedersdorf sein. Madam Schleiermacher ist mir gut: ich liebe sie sehr. Bin aber ganz in Bettina Brentano verliebt. Die ich einigemal intim sah, aber nicht mehr. Ich mache nur in Geldsachen Demarchen: weil ich da – muß. Madam Herz lebt geputzt; ohne zu wissen, daß man sich ausziehen kann, und wie einem dann ist. Madam Frohberg-Friedländer ruht auf den Lorbeern, die ihr Goethe und der Philolog Wolf für ein grundschlechtes Geschreibe, Roman genannt, in Teplitz und Karlsbad vorwarfen. Ich habe, ohne je verstanden zu sein, mich viel mit ihr gezankt. Wir sind nicht böse. Ich zanke mich nicht mehr mit ihr. Sie ist überzeugungsunfähig. Nämlich so: wenn sie auch keine Gegengründe mehr hat, und man glauben muß, nun sei sie überzeugt, so handelt sie im nächsten Moment wieder nach ihren alten reduzierten Ursachen, oder Gründen, wie sie es nennt. Berlin ist nicht schöner geworden, aber alles übrige häßlicher: also im Winter weiß man nicht, wo man sich hinwünschen soll! Prince des Ligne schreibt mir auch jetzt. Ich habe ihm sechs Seiten französisch geschrieben vorige Woche, mit dem härtesten Gewissen. Meine Franzosen verstehen mein Deutsch. Der Philolog Wolf, der in Wien war, lobt Friedrich Schlegels Liebenswürdigkeit. Wolf schreibt göttlich wie kein anderer Deutscher. Aber ich denke vor vierzehn Tagen, als ich ihn eben las, und ganz anbetete, der Schlag rührt mich, ihn sächsisch singen zu hören; wie kann man in solchem Gesange solche Perioden ausgraben? Ja, er gräbt sie manchmal los! Als ich Schleiermachern Wolfs Zuschrift an Goethe so sehr lobte, meinte der, sie sei auf den Effekt geschrieben. »Nun da hat er gut gerechnet; auf mich hat sie den größten gemacht«, sagt' ich pathetisch ernst; Schleiermacher lachte mir ins Gesicht; ich mußte gleich mitlachen. Brentano hat ein wunderschönes Gedicht auf die Einweihung der Universität gemacht . . .

Donnerstag, den 27. Februar 1812

... Ich habe diesen Brief liegen lassen, um erst wieder einen von Dir zu haben; denn mit Briefen an Dich, die Dir nachlaufen mußten, ist es mir schon zu schlimm ergangen: auch war ich zu unpaß, zu unglücklich, zu ennuyiert. Ich bin allein, ohne lesen zu können, – seit drei Tagen geht es etwas – und ohne Menschen ertragen zu können: unzufrieden mit den Geschwistern. Ohne Luft, Musik, Augenweide, oder nur – Punkt. Ohne Hoffnung für irgend ein Glück, oder Amüsement; den Sommer fürchtend: und ganz in einem großen Meer, von zahllosen Tropfen des Mißlingens. Ohne Narrheit, ohne eine jene Welt.

Denn diese ist mir ebenso gut eine jene. Kurz! in der langweiligsten Verzweiflung! Es dauert zu lange; zur Probe, zur Buße, zu was es sei. Für ein edles Geschöpf. – In Worten geht's nicht mehr! Den Mut, mir den Streich des Todes zu geben, den hab' ich nun bekommen. Nur Gedanken halten mich noch ab: daß man so viel Unwillkürliches mit tut; auf dies Leben hoff' ich nicht mehr. Ich kenne nichts Elenderes als so bis sechzig hinan zu warten; mit Hoffnung. – Mir geht's ja Schritt vor Schritt schlechter durch jedes événement durch! Und kein Mensch kann mir nur sagen: tun Sie dies, oder das; es ist nichts zu tun. Es geht ihr gut genug, denken sie dumpf, nicht deutlich: die mich am wenigsten hassen. Freunde lassen es geschehen. Erschöss' ich mich: wunderten sie sich, wie über Kleist. Diese Begräbnisfeier, mich nicht zu wundern, habe ich ihm wenigstens gehalten! –

Du bist der Einzige auf der Erde, der mir begegnet ist, der da fühlt und weiß, bei dem es immer rege ist, wie übernatürlich schlecht es mir geht. Wie keine Antwort auf alle Anforderungen des Lebens meiner Natur kam.

Nie. Davon bist Du ergriffen, und das ist ein großer Teil Deiner Liebe zu mir. Für Dein Aug' allein ist das schreckliche Schauspiel da! Hättest Du mich selbst gemordet, und ein Bewußtsein schwämme noch auf der Erde, so würde ich Dich dafür wieder mit Liebe erfassen müssen, wie jetzt. Das wollt' ich Dir längst gerne ausdrücken; und jetzt ist's Schuldigkeit; und es geht oft, und immer, lieblicher in mir her, als ich's jetzt in Krankheit und aller und jeder Betrübnis aufsetze. Das weißt Du auch; und diese Wurzel trug Dir Liebeszweige, und auch manche Blüte. – War es Eitelkeit, so nahm meine Eitelkeit den Weg, auf dem ich dachte: er wird mich anders als die anderen Frauen behandeln; Neigung scheint ihn zu mir zu führen; und keine war ihm noch, von denen er begegnete, gewachsen. Ich stehe auch als Freund hoch über allen bei Dir. Und es ist mir erträglicher, nicht Dein liebstes Weib zu sein – Du magst kein liebstes haben –, als eine Liebe, deren ich nicht wert bin, auf mir haften zu wissen. Wie käme jetzt noch eine schöne Liebe zu mir? Und könnt ich sie dulden? In einem, worin Du Dich irrtest, machtest Du mich mit irre. Nicht das Geschlecht ist Dir zuwider, und eine Einzelne trifft Sinne, Sinn und Herz Dir: das Geschlecht reizt Dich immer, und keiner Einzelnen Natur trifft Dich. So ist es. So irrst Du auch, mein lieber Freund, und sagst Dir durchaus die Wahrheit nicht, wenn Du Dir und mir vorsagst: »Man lebt unwachsam in die Jugendjahre hinein, und sieht sich unerwartet zum Bösewicht geworden aus einem guten Kinde.« Ein Kind ist ein unentwickelt unberührtes Ding, und immer gut, weil sein Toben gegen Tische, Stühle und Spielzeug geht, welches man ihm preisgiebt, und welche Zerstörung man ihm nicht anrechnet; so ist's nicht schlecht, im Mangel der Begriffe höchstens! Aber die Jugendjahre sind die tugendsamsten, schönsten, aufflammendsten; ich verzeihe grade der Jugend nichts Schlechtes. Das ist gewiß ein faules Produkt: wo die höchste Gärung nur Schlamm erzeugt. Leichtsinnig kann tobende Jugend wohl sein, aber nur gegen sich selbst. Ja, eine edle glaubt gar nicht, daß man andere beeinträchtigen, verletzen kann. Erst spät, wenn man selbst dahin ist; von Stößen und Wunden, und nirgend mehr Raum finden kann, noch Stelle zum Bleiben, ist es möglich, daß man endlich sich entschließt, sich Platz zu machen, und sollten auch andere – doch Verwundete und Verwunder – eine Narbe davontragen: und doch vergeht mancher Edle, ehe er selbst die wahre Jugend durch solche Handlung von sich abstreift. Wenn ich Staatsgesetze zu geben hätte: so schützte Tollheit keinen Verbrecher vor Todesstrafe, wenn sich seine Tollheit mit dem Verbrechen, worauf jene steht, anhöbe; wenn er sich selbst verletzt, kann er nach dem Tollhause.

»Glaube mich nicht schwach: ich habe Frevelmut genug in mir, um weiterzuleben, Besonnenheit genug, um in Tätigkeit zu bestehen, für die mir kein Gemüt und kein Geist bleibt!« So schreibst Du mir im letzten Brief; nicht gedenkend der Worte, die den von Clemens begleiteten: »Ich stehe hoch über meinen Fehlern.« So, mein sehr Lieber, den' ich von Dir: und habe es Dir schon öfter gesagt: »Das ist ein gebildeter Mensch, der seine Anlagen bezwingt, wenn Natur nicht gnädig gegen ihn war; der sie nur in sich einsieht; sie ermessend behandlen, ist einen Schritt weiter.« So ungefähr sagte ich. Du stehst als der Gebildetsten einer mit Deiner Einsicht hoch über Deinen Naturfehlern. Teurer Freund! hasse sie immer, nenne sie Dir, bekämpfe sie. Du liebst ja das Schöne so in anderen, bist so gerecht, so tapfer in der Aufweisung und Schätzung ihrer Gaben; mach Dich selbst urbar, wo Dürre gelassen ist, und laß Dich von Deinen Freunden hinwiederum lieben: Du weißt, welches Glück, welcher alles heilender, weicher Zustand dies ist.

Lieber Guter! Dein Brief an Goethe über mich ängstigt mich ordentlich. Freilich, Lieber, wird er ihm die Jugend und Liebe wohl ansehen. Du sprichst von meinem »Talent«?! Hab' ich ein namhaftes Talent? Das, das Leben zu fassen; und manchmal barock, in komisch- oder tragischer Hülle, es zu nennen, was ich sah. Mein Unglück – sag' ich ja schon lange – ist zu meiner Schmach eins ohne Titel; darum wird mir auch nie geholfen. Ich bin eine Falschgeborne, und sollte eine Hochgeborne, eine schöne Hülle für meinen inneren wohl ergiebigen Grund sein! Eher hättest Du ihm von meinen wirklich vielen Verbindungen und Bekanntschaften sprechen sollen. Darauf zielten auch seine Fragen; und er merkte es wohl, der Merker par excellence, daß es eine solche Person sein müsse. Doch wie es sei! Und sieht er mich je, so wird er schon wissen, was – Gebratenes – an mir ist. Adieu. Indessen! Leb wohl!

Sonnabend abend 11 Uhr,
den 7. März 1812

Heute vor dem Finsterwerden gab man mir Deinen Brief, wo der über mich geschriebene an die Gräfin Pachta drin lag. Deinen las ich gliederkrank und ganz erschöpft, wie ich mich in dem Augenblick auf das Sopha gebettet hatte, mit erschöpftem Geist, erdrückter Seele, zuerst. Mit großen Liebespulsen antwortete mein Innerstes auf jedes Deiner Liebesworte, und Sehnsucht, der Wunsch, Dich zu sprechen, bildete sich in meiner Seele. Gewiß sah ich Dich mein in einem gewissen Sinn auf ewig, und so antwortete ich auch Dir. Ich freute mich, daß mein montags abgegangener Brief Dir jede Antwort auf den heutigen eigentlich schon im voraus brachte. Mit einem schwer aus dem Herzen dringenden Seufzer sah ich den an Josephine an, stand der zu gebeugten Seele, des Körpers wegen an, ihn zu lesen, und gedrängt von mir selbst, tat ich's doch. Ach lieber Freund, in welch Geschrei zu Gott, und Herzpochen für Schmerz, fiel ich nach dem Lesen. Alles weiß ich: jedes hab' ich wohl selbst hundertmal in verschiedenen Briefen, wo von mir endlich alles steht, selbst gesagt. Aber wie greuelhaft, wie rettungslos, wenn es auch von außen, wie Mauren, ausgesprochen von fremdem Geist, uns entgegentritt. Heute grade war ich so krank, so von Gott verlassen in der Seele, ach, warum mußtest Du mich auch jetzt schon so stark halten, daß heute dieser Brief kam. Ich fühlte mich eben so krank, daß ich es nicht mehr zu scheiden wußte, wer den anderen erst so gemacht hatte, Gedanke oder Körper; aber durch lange Tage und Nächte durch hatte ich mir die schärfste, genauste, unumstößlichste Rechenschaft noch einmal gegeben, wo die wahre Wendung meines Wesens geschah, welche mein ganzes Schicksal gründen mußte: denn eine gewaltsame, nicht liebliche ist vorgefallen; und Charakter bildet Schicksal, Naturingredienzien so oder so gestellt. Ereignis, und Gründe, erwog ich noch einmal! und ach! zu was als humilité – ich kann das deutsche Wort nicht finden –, zu Verzweiflung der

Edlen, konnte dies führen. Und wie zu einem Chore kam Dein Brief, die Tragödie vollkommen zu machen. Laß es Dir nicht leid sein, auch viel Liebe habe ich darin erfahren; und mein noch lebendes Herz hat sie wohl, ja ganz erkannt. Ärgeres noch, als in Deinem panégyrique steht, sagt sich die arme ausgesetzte Rahel! Dies können die Menschen glauben, Du weißt es; wenn Großes, Besonderes in ihr ist, so ist es das: sie weiß, was in ihrem Kreise ist, und sieht und sagt sich das Härteste, wie wohl selten ein Mensch dies auf der Erde tat. Und so kann ich sagen, mein Schmerz und mein Verlust ist unendlich; darum verstehe ich auch alle anderen – Schmerzen –, darum ist auch der Verdruß immer so groß, wenn Du, der Einzige, dem ich so bekannt bin, der Engel, den mir Gott mit Trost in meine Zeit schickte, wenn der abspringt, und mich ärgern mag, oder, welches eins ist, sich selbst mit einemmale fehlt! – Aus diesem Gesichtspunkt, mein geliebter Freund, verzeih mir! Freilich muß ich mit Dir strenger und härter sein als mit allen: von Dir ganz allein fordert' und erwartet' ich; und tu' es noch.

... Die blinden rohen Leute! – mir geschähe das bei einem Trommler mit einem Bart nicht, wenn er meine Seele hätte! – mich unweiblich zu finden: ist das weiblich, sich auf Menschen und Schicksal ohne Wahl wie auf ein Lotterbette zu werfen, und da nach gut Glück faulen, oder Kour annehmen? Große Natur, allmächtiger Gott! wie erlaubst Du Deinen Menschen, sich zu versperren! ganz klein, ganz klein! Nun fällt's mir erst wieder ein! Dein Brief an Josephinen ließ mir mich wieder sehen, wie eine Tote, ein Geist ohne Blut und Leben, der neben seinem an, noch wandelt. Schrecklich! Und doch, großer Gott! große Natur! ist es gottlob! anders noch, als ich, und irgend jemand zu fassen, in einem Begriff, als wir es auszusprechen vermögen! Sonst wär' ich ja auch wohl, in Gottes Gnade, schon tot hingeschlagen. Gute Nacht!

Berlin, den 5. April 1813,
12 Uhr mittags,
beim schönsten, hellsten
Sonnenschein, erquickender Luft.

... Hier schicke ich Dir Frau von Fouqué ihren Aufruf. Gott im Himmel! wie durchaus erbärmlich! Sie wußte absolut nichts, als daß sie einen schreiben wollte; und das Wenige, was sie noch zusammenfand, verging ihr in der Schwatzhaftigkeit des Schreibens; das ganze Wollen ging auf in ein literarisch Aufgehetztsein; nicht anders ist ein Radotieren – Herumirren – zu nennen in allen neueren Schriftstellermeinungen, und neumodischen – aber eben darum altmodischen, weil es dergleichen gar nicht mehr giebt für irgend vornehme Köpfe, und große einfache Seelen – Stimmungen, die, an und für sich schon ganz unrecht, aus keiner starken Quelle, sondern seichte, dünne, vom ersten Luftzug vernichtete Pfühlchen und Rinnen sind! Indem sie die französische Sprache anfällt, war sie nicht einmal besonnen und geschickt genug, ihre von französischen Worten rein zu halten: sogar den plattesten Beurteilern giebt sie sich bloß. Es ist mir höchste Anstrengung, das Ganze zu beurteilen, da es wohl Teile, aber eben zu keinem Ganzen sich fügende sind; daß wir Deutsche heißen und sind, ist eine Zufälligkeit; und die Aufblaserei, dies so groß hervortreten lassen zu wollen, wird mit einem Zerplatzen dieser Torheit endigen. Jedes zu Verstand gekommene Volk soll brav sein; und die Freiheit haben, es zu sein. Im ersten Gebote müssen das natürliche Männer und Weiber, beide Geschlechter in ihrer Art, sein; der zweite Fall zerfällt in zwei andere; entweder man hat die Freiheit schon, oder soll sie erringen; das letzte tun nur Männer, und den Weibern bleibt, zu ersetzen, ergänzen, heilen, wo jene zerstören und verwunden müssen. Dies muß jedes europäische, christliche, Gott in sich selbst erkennende Volk; und jedes solches muß dies allen anderen Völkern gönnen und wünschen: und nicht sich prahlerisch allein dazu ernennen, ausschreien und brüsten. In solcher demütigen, gerechten Stimmung allein die eine heilige ist – wo jede Schüchternheit und Scham wegfallen muß, und kann – darf sich eine Frau, weil es jede dürfte, erkühnen, laut – das heißt, gedruckt oder im Tempel – zu ihren Schwestern zu sprechen! Wie ein Gebet und Gelübde muß so etwas aus der Seele strömen; dann wird man nicht alle Mythologieen der Welt spuken lassen, sondern vom Nächsten, was vorgeht und geschehen muß, für alles Volk, welches wenig weiß, aber immer versteht, was recht ist, wenn man's ihm ausspricht, verständlich, eindringlich und nützlich sein. Die wollte Frau von Fouqué gewiß; und wie weit entlief sie den Kraftmitteln zu diesem Zwecke! . . .

RAHEL AN VARNHAGEN IN DER CHAMPAGNE

Prag, Sonntag, den 20. März 1814.
Morgens 9 Uhr, im Bette.

. . . Ich bin so geplagt von Gedanken, Vorstellungen und Einfällen, daß ich mir Blätter bereitet habe, um sie womöglich gleich hinzuschreiben; für Dich und mich: dies hier als erstes zu Ergänzung des gestrigen Briefes. Er klang akkurat, als sei ich nur aufgebracht gegen diesen und jenen, die mir denn alle, und alles, was man mit ihnen vorhaben kann, klar gemacht hätten. So war es wohl auch: denn obwohl ich in einem durchdringenden Blick eine nicht irre zu machende Überzeugung von den Menschen habe, als zusammenhängendste Naturgabe aller meiner Eigenschaften, so kann ich mich in gröblichem Irrtum befinden, ohne mich über diejenigen, sozusagen, die ich vor mir habe, zu irren. Weil ich mich zu der rasenden Willkür, einen einzelnen, groben, gemeinen Fall anzunehmen, den Menschen, welchen ich grade vor mir habe, ihn ausführen zu lassen, nicht entschließe. Ich will nicht sagen, entschließen kann: nicht entschließen mag. Ich beschimpfe, verunreinige dadurch mich selbst! Was einer fähig ist, weiß niemand besser als ich: niemand geschwinder. Diese Penetration also, und jene Entschlußlosigkeit, machen nun, daß ich auch eine doppelte Behandlung für die Menschen habe: eine voller Betragen und Voraussetzung – procédé auf gut Deutsch – äußerlich; und eine richtende, strenge verachtende oder vergötternde, innen. Leicht kann ein jeder mich inkonsequent, feig, biegsam und furchtsam – wieder auf Deutsch: lâche – finden, und glauben, die bessere Überzeugung komme bei mir nur vor- oder nachher, und der Augenblick könne mir Leidenschaftlichkeit über Sinn und Verstand werfen. Mitnichten; nie hab' ich einen klareren, immer gleich so klaren, Menschen gefunden. Da aber bei mir ganz kleine Züge über den ganzen inneren menschlichen Kernwert für alle Ewigkeit, das heißt, solang des Menschen Komplexion dauert, entscheiden, so wird es ja unmöglich, daß ich ihm zeige, wofür ich ihn halte, was ich von diesem bestimmten Umstand, in welchem wir uns befinden, denke!! Sie müßten mich für rasend halten; oder ich müßte sie vergehen sehen, als sich selbst verdammendes Unding. Drum bleibt mir schweigen, schonen, ärgern, meiden, betrachten, zerstreuen, gebrauchen, ungeschickt wütig sein, und noch obenein, mich mit großer Geläufigkeit tadlen zu lassen, von ordentlichen Tieren! Dir konnt' ich die Wahrheit sagen: einmal war es möglich; und daraus entstand unsere Freundschaft. – Freundschaft, welch ein Wort! –

Jetzt fällt mir oft ein zu sagen: »Ich mag nicht von ihm sprechen, ich bin böse auf ihn, und kann ihm nur Gerechtigkeit widerfahren lassen.«

Montag, den 28. März 1814

So wie man manchen Menschen niedlich, hübsch oder angenehm finden muß, wenn man auch keinen einzigen Zug in seinem Gesichte, oder kein Glied an seinem Körper als richtig angeben kann, so hat T. (Rahel) durchaus etwas unangenehm Unansehnliches, ohne daß man besonders auffallende Difformitäten im einzelnen gleich entdeckte. Sie weiß das ganz genau; und der Eindruck, den sie von jeher machte, hat auf ihre Art sich darzustellen, und auf ihre sowohl alleroberflächlichste und leiseste, als auch heftigste und tiefste Äußerung den bestimmte-

sten Einfluß: diese Art der Darstellung ihrer selbst nimmt man aber (mit hinlänglichem Rechte zwar auch) für ihren Charakter; der aber in des Herzens Mitte sich recht eigentlich geflüchtet hat, gegen die rohe, flache Voraussetzung, und von der ihr selbst nur zu mißfälligen Erscheinung ihrer selbst. Zum Beispiel ist ihr mit das Gräßlichste: Verlegenheit; für sie oder für andere beinah gleich; und in den allerpeinlichsten, unerträglichsten Augenblikken einer solchen zeigt sie sich immer dreist, tätig und mit Geistesgegenwart; und kein Mensch erahndet auch nur bei solchen Gelegenheiten, wie ihr ungefähr ist. Sie loben sie immer wegen ihrer Unerschütterlichkeit, oder wie sie es sonst nennen: wenn sie sich aus Schamhaftigkeit aufopfert, und ganze Hiebe im Herzen bluten läßt, ohne nur sich hinzuwenden, oder einen Wehlaut daraus hervorzulassen. O! Maske, Maske! Du bist keine Maske; wer kann Dich loswerden, wenn Du eine Mitgift bist! Masken durchzusehen, ist eine wahre Wohltat für das Menschengeschlecht. Die Wohltat übt T. im höchsten Sinn und viel in der Welt.
Zwei unaussprechliche Fehler hab ich aber: und die kennt niemand. O! könnt ich sie darstellen, wie ich sie kenne! Jede Eigenschaft wird einer, die man nicht regieren kann. Es ist mir nie gelungen, und ich verzweifle auch nun ganz dran. Drum beicht' ich sie gern. Sie sind hideuse! Nämlich: ich habe etwas Hideuses, und das sind sie. Ja, denk Dir, es existieren zwei Abbildungen von mir, ein Basrelief von Tiecks frühster Arbeit – Frau von Sparre hat eines – und das Bild, welches bei meinem Bruder hängt; beide find ich sehr ähnlich: und es sind mit die widerwärtigsten Gesichter für mich, die ich kenne. Bloß, weil ich jene Eigenschaften bis zum langgezogenen Fehler darin sehe. Auch in noch zwei anderen Menschen ihren Gesichtern – die sehr hübsch sind – kenne ich sie, nur im leisesten Grad, und doch sind sie schon Karikatur. Bei Bentheim und Prinz Louis. Der Ursprung liegt im Kinn. Beide, der Prinz und der Graf – wovon später – haben auch diese Züge im Charakter. – Die beiden Eigenschaften aber sind bei mir: eine zu große Dankbarkeit, und zu viel Rücksicht für menschlich Angesicht. – Eher kann ich

nach dem eignen Herzen mit der Hand fassen, und es verletzen, als ein Angesicht kränken, und ein gekränktes sehen. Und zu dankbar bin ich, weil es mir zu schlecht ging, und ich gleich an lauter Leisten und Vergelten denke; auch weil nur ich immer leistete; dies letzte ist ganz leidenschaftlich und mechanisch zugleich geworden. Dies alles kommt daher: weil die holde, freigiebige, sorglose Natur mir eins der feinsten und starkorganisiertesten Herzen gegeben hat, die auf der Erde sind; weil ich keine persönliche Liebenswürdigkeit habe, und man es also nicht sieht: weil auch mein rauher, strenger, heftiger, launenhafter, genialischer, fast toller Vater es übersah und es brach, brach. Mir jedes Talent zur Tat zerbrach, ohne solchen Charakter schwächen zu können. Nun arbeitet dieser ewig verkehrt, wie eine Pflanze, die nach der Erde hinein treibt: die schönsten Eigenschaften werden die hideusesten. Du wirst es ganz verstehen! Ich wäre ein sehr, für aller Augen verkrüppeltes Geschöpf geworden, läge nicht großartige Betrachtung der Natur aller Dinge in mir, und jenes Vergessen der Persönlichkeit, ohne welches die genialischsten Menschen auf der Erde, und in jeder Wissenschaft, keine wären. Dies ist der einzige Leichtsinn, den mir der doch gütige Gott mitgegeben; und die einzige Grazie in meiner ganzen Natur. Zugleich mein Glück, die Sphäre meines Gebets – jeder Erhebung – mein eigentliches Dasein, die expansive Möglichkeit zu ferneren Existenzen, das höchste Leben, welches zu anderen Leben hinauf glimmt und flammt. Und denk Dir, Freund, dies war der Sinn, in dem ich Dir gestern schrieb: »Die Gesellschaft könne mich für ein Müllerweib ansehen, nur um Deinetwillen hätte ich noch für mich Ambition«; und nicht Zorn über dies oder jenes Ereignis. Die Gesellschaft war mir von je die Hälfte des Lebens. Weil ich richtig fühlte, was sie sein sollte: der sich bewußte, behagliche Verein im Genuß und Weiterbringen alles menschlich schon Geleisteten. Durch keinen Kampf aber muß man in solchen Bildungskreis, wo Natur und Geistesausbeute sich durchdrungen haben, gelangen! Wie zu keinem Glück! Den Kampf also bin ich satt; weil ich ihn nicht zu führen verstehe; weil ich ihn verachte, mit dem Schicksal, welches mich

dazu verdammen konnte. Sonst gab es Sklaven und Freie: noch jetzt sehe ich Adel und Bürger so an. Jetzt mag sich's ändern: genug, die Rede ist noch davon! – Aber: wär' ich ein Freier geboren: ich glaube, ich miede den Kreis der Ebenbürtigen; keine Beschreibung von dem, was man in der nun schon zum hundertstenmale zerstückelten Welt davon finden kann, die doch nur bis jetzt ein Frikassé der griechischen, römischen und biblischen bleibt. Es ist kein großartiger Ursprung darin, der sich an eine lokale Natur lehnte, die einem – richtig von den Religionen-Erfindern gesehen! – von Gott überliefert wird! Wir sind alle wie Frühlingsgebirgswasser, welches erst ablaufen muß. Kein Meer, kein Strom, kein Quell. Leben genug ist in einem solchen Wasser auch! das weiß ich. Wenn ich oder Du nicht mitwirken können, das heißt Gutes vom Tag für den Tag – eine Einrichtung dazu ist beinah nicht vorhanden, – so ergötzt mich die große Welt gar nicht so! Noch dazu jetzt, in ihrer Armut und Zerstörung. Was hab' ich an getäfelten Zimmern voll Menschen, für welche die Natur, die Natur keines Dinges, keine innere Erhellung, kein Wunder der Nerven, noch des Geistes, noch des Herzens existiert; die dies nicht haben; die sie nicht sehen, mit denen ich nicht davon sprechen kann! Und zu dem Ennui, welches mir nur der Ehrgeiz – Mittel zu einem Zwecke – erträglich machen kann, und sein Spiel und seine Spannungen, zu dem sollt' ich mich noch ohne Zwecke hinarbeiten wollen? – Das kann ich nicht mehr, August: ich sehe sie ja noch immer, dann und wann; und kenne sie alle. Ist man darin, à la bonne heure! Es ist Bewegung wie alle. Nur nicht vorzugsweise. Dies wollt' ich Dir gestern sagen. Und wie hab' ich Dir ganz etwas anderes gestern ausgedrückt! Adieu! Nun kann ich nicht mehr.
»Warum sollt' ich nicht natürlich sein? Ich wüßte nichts Besseres und Mannigfaltigeres zu affektieren!«

Noch vom Montag, den 28. März

Auch ist es T. ganz und gar nicht schmeichelhaft, wenn einer nach und nach von ihr eingenommen wird; dies ist ihr so bekannt, so gewiß, wie den großen berühmten Schönheiten mit

Unrecht ihre Eroberungen und Anbeter. Schon ihrem Freund Gualtieri, wenn ihr der sagte: »Sie sind ordentlich hübsch, wenn man Sie lange ansieht«, oder was er sonst dergleichen hervorbrachte, antwortete sie: »Ja, ja, wie Azor, man gewöhnt sich daran.« Dann wollte der außer sich geraten. Die beiden waren komisch zusammen. –

Prag, Montag, den 28. März 1814

Als neulich Auguste T.'n Sappho als Melodram von Gubitz zeigte – Auguste lag im Bette, T. stand vor einem Tische am Kanapee, und las, weil sie alle Gedichte schrecklich fürchtet, stellenweise daraus; wovon sie viele sehr überrascht gut finden mußte, – so kam sie an eine, wo es heißt: »Ich bat: aus Mitleid seine Liebe mir zu gönnen! Durch dieses Flehn hab' ich mein ganz Geschlecht und meinen Ruhm auf immerdar geschändet.« Da hielt T. ganz ernst inne, nachdem sie schon vorher vieles gelobt hatte, und sagte: »Dumm war es, weil dies nicht hilft, im Gegenteil! Aber ›Ruhm geschändet‹? So etwas versteh' ich gar nicht! Wenn man sich umbringen will?! Sich einer Schwäche schämen?!« Und mit einemmale geht sie ganz gravitätisch und vehement an Augustens Bette, legt die Hand auf die Brust, und sagt in tiefster Wahrhaftigkeit, und auch mit solcher Stimme: »Ich kann zu Gott dem Allmächtigen schwören, daß ich in meinem ganzen Leben noch nie eine Schwäche bemeistert habe!! Und wieso auch?« spricht sie mit Heftigkeit nach, als müsse sie sich jetzt gleich verteidigen: »Was wollen sie von mir? Wie kann man das? Verstehen Sie mich! Von dem, was ich tue, von meinen Handlungen kann ich Herr sein; aber mein Herz« – und sie faßt hin – »ist weich, von Fleisch und Blut: kann Ich's von Messing machen? Ich kann es nicht!« schreit sie, »was verlangt man von mir!« In demselben Augenblick machte ein plötzliches und heftiges Lachen dieser leidenschaftlichen Verteidigung ein Ende: sie empfand selbst das Komische davon. Den anderen Tag wurde sie gleich krank. Es war Fieber.

Berlin, Freitag, den 9. September 1814.
Zum erstenmal Sonnenschein, und
doch noch trüblich und feucht.
Nachmittag 6 Uhr.

Diesen Morgen im Bette, mein sehr lieber August, als ich eben Deine drei hier vorgefundenen Briefe wieder las, und beim letzten war, brachte mir Dore Deinen vierten vom 6. September ... Gemeine Antwort muß ich Dir auf den Liebesbrief schreiben. Unser ganzes Glück, unsere Liebe, wird jetzt auf dem bürgerlichen Ambos bereitet, damit die Bürger es passieren lassen; und alles muß eine geschäftliche Form annehmen: und also hat Dir der alte Volontär Rahel lauter Geschäfte zu referieren: aber ehe er es tut, will er Dir von seiner Liebe sprechen, von seinem Glücke sprechen, welches Dein heutiger Brief in seine Seele verbreitet hat. Ich kann also hoffen, Du kommst!!! Wie wollte ich Dich in diesem Brief just bereden! Mit Gründen. Wir müssen ja hier getraut werden. Ungetraut reise ich nicht wieder aus. Ich bin hier göttlich empfangen von allen Leuten und behandelt; aber sie fragen mich gradezu, ob ich heirate; ja, sagte ich heute der alten Cohen. – Es sind dabei vielfältige kleine Dinge zu besorgen, die der männlichen Hälfte Gegenwart erfordern. Schnell soll schon alles gehen. Brauchen wir nur nicht nach Frankfurt! Gott! wie glücklich, daß alles so günstig geht! Auch weißt Du Dich so sehr gut zu führen; welch Glück für mich grade; die so präzis ist; obgleich sie es so wenig scheint. Welch unberechenbarer Vorteil für jede äußere Lage: für Vorgesetzte und Mitarbeiter! Ach! das Glück liebt das Glück und Glückliche – daher glaub' ich, es ist selbst sehr glücklich, und davon übermütig und ekel –; jetzt, da ich Dich zum Freunde habe, und Du es laut bekennen kannst, will mir alles wohl. Du mahnst mich, mich nicht zu ärgern? In einem Deiner Briefe. Lieber! ich lebe in einem kontinuierlichen Feste. Meine Geschwister, Markus, Moritz und Ernestine, sehen besser aus, seit ich hier bin: sie können ihre Freude über unsere Verbindung nicht einen Augen-

blick bergen: sind so amüsiert von meiner Gegenwart, daß Moritz immer sagt, sie sollen mich nicht so sehr stören ...
Weder Hitzig noch Markus hatten das Geringste eingeleitet. Ich habe Hitzig zum Prediger Stegemann geschickt, ging dann selbst hin. Er empfing mich, als ob Spinoza sich wollte taufen lassen: so zerknirscht von Ehre. Mündlich dies. Der Professor Hartung, von dem ich ein Attest haben mußte, weinte, daß ich ihn so hoch beehrte, und wie hat er es ausgestellt! Lagnac ist sein Neffe, Louis Robert sein Zögling. Zwei Männer – der andere ist Hitzig – müssen bezeugen, daß man würdig ist: das erhält die Polizei, dann die Potsdamer Regierung: noch ist's auf der Polizei. Redtel habe ich einen künstlichen Brief dazu geschrieben; denn sie sind in Potsdam und beim Konsistorium ganz mystisch neuchristlich, und halten auf. Ich werde doch gefördert werden. Ich spute mich, soviel ich kann. Stegemann hält mich in nichts und mit nichts auf. Komm Du nur, bester Freund! dann geht alles schneller. Auch zur Trauung müssen Aufgebote und Anstalten geschehen. Doch alles still und heimlich. Kaufen muß ich hier noch eine Menge; lauter Dinge, die in Wien sehr teuer sind, wie ich höre, und auch aus Prag schon weiß. Man muß doch erscheinen; eine Art Aussteuer haben! ...
O! August! Also bald soll ich Dich sehen; werden wir wieder reden, anstatt schreiben: ich Dir jedes, alles mitteilen; Du mit mir einstimmen, mir zeigen, was Du machst. Deine Zeitungsartikel sind gut. Alle Menschen wollen mich besuchen; haben. Du weißt, wie ich gebetene Gesellschaft hasse, nicht Soireen und Kotterieen. Gestern war ich bei der Herz, die mich auf der Straße attrappierte, zum Tee, mit Ludwig Tieck, mit Graf und Gräfin Dohna, Philipp Veit – hübsch –, einer Oberhofmeisterin und Hofdame von Prinzeß Wilhelm, Staatsrat Uhden und Gemahlin, und Körners aus Dresden. Ich sprach nur mit Graf Dohna, Fräulein Körner, und Tieck. Er las den »Sommernachtstraum«: göttlich. Sonst war es gräßlich: ich fuhr ihn nach Hause, er wohnt bei dem Staatsrat Alberti, nicht weit von mir. Heute kommt er nach dem Theater, in der ausgezeichnetsten Freundschaft, zu mir ...

Alles – das Äußere – scheint mir hier so nüchtern: nur meine Geschwister freuen mich, amüsieren mich: und die Pferde auf dem Tor. Die nahm man uns mit Händen: mit Händen haben wir sie uns auf unseligen Blutwegen geholt! Das ist reell. Und schüttelt mir Tränen aus dem gerührten erfreuten Herzen! Verstehst Du? O! Ja! . . .

RAHEL AN VARNHAGEN IN HAMBURG

Berlin, Dienstag,
den 13. September 1814.
Endlich Sonne.

Goldener August, wie kann ich Deinen liebevollen feinen Brief beantworten, als mit mir selbst, mit dem Anerkennen, was Du bist; zum Glück hat meiner ihm begegnet, und Du konntest sehen, wie ich Deinen vorigen aufnahm. Nun will ich Dir auch etwas Schönes sagen! Ich hätte wohl aus Wohlgefallen und Liebe Urquijo, oder Finckenstein geheiratet: aber bei keinem Menschen als bei Dir wäre mir bei der Heirat so ganz gut; ganz sorglos, ganz unbefangen zu Mute gewesen, als mit Dir. Kein Krimschen, kein Gedänkchen von Besorgnis! Es ist ein durchaus vergnügliches und vergnügtes Evenement; und es wird nur eine äußere angenehme, und innen gar keine Veränderung machen. Denk Dir, beim Haarebürsten frägt Line, ob die Hochzeit hier – im Hause – sein wird. »Es wird gar keine«, sagte ich, »Du weißt, wie ich so etwas hasse: ich lasse mich bloß trauen, und kein Mensch erfährt's.« – »Das hab' ich gewußt«, sagte Dore. »Ja, ja!« und lacht approbierend. »Nur eens is mir lieb: soll ick't sagen: darf ich auch?« – »Ja!«– »Daß Sie den Namen kriegen: eene Mamsell wird doch anders behandelt; Ehre hatten Sie ooch: aber es ist so besser!« Wie findest Du das? Alle loben, lieben und ehren mich mehr als sonst. Wären nur Deine Freunde und Gönner ebenso zufrieden. Bei mir zeigt sich mein Rechttun in Deiner Person: aber daß Du recht habest, ist schwerer zu sehen.

Heute morgen lag das Sophakissen in meinem Bette, welches Du in Teplitz gebrauchtest. Es erregte mein ganzes Herz mit seinem Riß, den es von Dir hat! Nun aber kein zärtlich Wort mehr! Denn – außer der Zeit kann man nichts tun . . .

RAHEL AN VARNHAGEN IN WIEN

Berlin, noch immer Berlin!
den berühmten 18. Oktober 1814

Alle Truppen und Prinzessinnen und Menschen auf dem Exerzierplatz betend! Ich auch habe genug aus dem überfließenden Herzen geweint für mich allein, seit dem 16., wo es sich engagierte; daß der Greuel ein Ende, die stockende Angst ein Ende hat, daß unsere Truppen in der Sonne fröhlich und affektiert blinken; daß Du in Sicherheit bist! In Sicherheit! Weiß ich, ob du die Reise gut überstanden hast? Seit gestern erst. Da ich mich unterstand, einen Brief von Ludwig Robert an Markus aus Frankfurt vom 10. Oktober zu erbrechen, um endlich von Dir zu erfahren, daß Du gleich bei Deiner Ankunft mit dem General wieder abgereist bist. Gott! die vielen Nächte hintereinander! Was dabei für beide gewonnen sein kann, weiß ich natürlich nicht. Für Dich, daß Du, wie Du mit Recht wünschtest, mit Tettenborn in Wien ankommen konntest; und also auch das für mich. Ich reise nun übermorgen, Donnerstag. Das Wetter ist schön . . . Was machst Du denn? Bedaure die elende Rahel, der es immer chiffonniert gehen muß, daß sie ohne Nachricht von Dir mitten im Frieden sein muß. Glaube, daß ich mein Glück erkenne und ganz durchdenke und empfinde; daß ich auf den Knieen bin, nicht kränker geworden zu sein; daß ich weiß, das Winden und Kämpfen hört für niemanden auf, daß unser Übereinstimmen in allem der Grund all unseres Glücks ist, und daß es sich darauf in jedem Fall gründen wird, ich meine erbauen, denn gegründet ist es. (Das Trommlen macht mich toll.) Aber Ungewißheit hasse ich so! und die wird seit undenklicher Zeit reichlich gereicht . . .

Frankfurt am Main,
Montag mittag halb 1 Uhr,
den 11. September 1815

Gestern mittag, als ich von einem Sonnengang mit Doren zurückkam, fand ich Deinen mich überaus beglückenden Brief vom 2. September, mit den Modekupfern und Neys Verteidigung. Liebes »gelehriges Herz!« Du verheißest mir in diesem lieben, aus Liebe gewebten Brief die Mitte Oktobers zu dem nicht zu erwartenden Glück, Dich wiederzuhaben! Wenn ich nur leben bleibe! In keiner Krankheit hab' ich mich so vor dem Tode gefürchtet. Ich soll vergnügt sein! Einziger teurer Freund, ich bin es (ich will Geduld haben!), da ich Dich bald sehen soll: wir werden hier, auf der Reise, allenthalben sehr vergnügt sein; zu Hause allenthalben; und die Welt geht ihren Gang, »wie Sonne und Mond und andere Götter«, wir erleben das Ende nicht, drum wollen wir in der Mitte leben, und ihr zuschauen. Du denkst unaufhörlich an mich? fragst bei aller Gelegenheit um meine Billigkeit und Einsicht bei Deinem ganzen Tun und Lassen; leider wohl oft, ohne sie zu bekommen, fürchtest Du; aber darum doch nicht ablassend in Deinem Eifer? Und ich –! konnte, eh' ich Dich hatte, gut, ganz gut, allein leben auf der Welt; hofft' es, ersah es, prätendierte es gar nicht anders, suchte es nicht mehr, in Gelassenheit, und Vergnügtheit, wenn sie mich in Ruhe ließen, und ein ungraziöses Schicksal mich nicht aufzustören beflissen war, »fand mein karges Futter« vergnügt und reisefertig »auf jedem Hof«. Gott weiß es, Du auch; und es ist wahr. Nur geneigt war ich nicht mehr, weil ich es nicht mehr fähig war, mein Leben wieder für ein Vierteljahr Zusammengehen bei irgend einem Wesen von Menschengeschlecht einzusetzen; die Proben meiner unbedungenen Hingebung hatte ich mir, also allen anderen Freunden und Freundinnen, zur Genüge rein und völlig abgelegt; ein Zum-Narren-Haben an mir selbst aus- und aufgeführt, war bei einer unschuldigen Seele, bei einem unbefleckt, unerschüttert redlichen Herzen unmöglich; so war meine Seele und Herz. Du hast es erfahren, daß ich plump scheinen, und mir keinen Spaß mehr gefallen lassen mochte. Aber nun sollst Du auch erfahren, wie ich ein ernstes Herz in meines aufnehme. Mit meinem Leben erwidre ich's. Wisse, ermesse, wie ich es ansehe, daß Du mich wieder ins Leben hineingeführt hast. Ich will ja nur leben, weil Du es wünschest, weil ich mit Dir leben kann. Von Dir hab' ich ja erfahren, daß auch ich geliebt und gehegt werden kann, wie ich andere hege und liebe; daß ich kein verzaubertes monstre bin: worüber ich, Du weißt es, ganz gefaßt und vergnügt war. Ich liebe Dich Deiner Liebe wegen: und nicht, Du glaubst es, weil ich der Gegenstand dieser schönen Herzensentwickelung bin: nein! weil sie in Dir möglich ist, weil ich dies schöne Spektakel sehe; weil ich solchen gehaltenen, erglühten Ernst nie sah, und sah ihn nie, weil er nur selten, weil er so schön ist; ein Gelungenes! Ein Echtes; und vom Schicksal Bejahtes mit einem Gegenstand. Ich sehe in Dir eine Unschuld, ein Gewährenlassen, ein sich entwikkelndes Herzensgedeihen: so, denk' ich mir, hätte ich meinem Herzen zusehen können, hätte man; in echter, roter durchsichtiger Glut nahm ich ohne Rückhalt, ohne Vorbedacht alles unschuldig auf; und wurde nicht einmal natürlich begegnet. Angeschrieen, überschrieen, beseitigt, unberücksichtigt, die ganze lange Jugend durch; das andere mag ich gar nicht einmal nennen. Gott selbst hörte mich nicht. Er wollte es so: und ich habe mich auch schon längere Zeit unterworfen. Sei auch nachsichtig, August, wenn Du jene Frische oft nicht findest, die Einem Glück konserviert, oder Untugend, und eitle Gedankenlosigkeit, loser Geiz, der an die wahre Herzenskammer nie anfordert. Goethe sagt so schön in seinem Leben, bei Gelegenheit der Katastrophe mit Gretchen: die Knaben- und Jünglingspflanze war ihm aus dem Herzen gebrochen, und es bedürfte längerer Zeit, – so ungefähr – eh' Neues sich erzeugen konnte: dies ist der Sinn der letzten Worte, die ich nicht mehr weiß. Mir brachen Eltern, Geschwister, Freunde und Freundinnen, und elende Geliebte, ganze Vegetationen hintereinander aus. Ich schwieg in meiner Jugend, in meinem Reichtum, und dachte, es müßte so sein. Hielt ewig mich für ungraziös, und das so intim, so gewiß, daß ich's nicht einmal sagte, da doch, meiner Meinung nach, mir niemand auf solche Klage zu antworten hätte, wie auf die wegen eines Buckels, oder anderer Gebrechen. Ich bin aber nicht unglücklich, weder im Gefühl, noch in der Überlegung. Ein schönes Schicksal hatte ich nicht; aber gottgesegnet war ich doch; es war immer Feiertag in mir. Mit all diesem wollte ich Dir nur zu ermessen geben, wie Du mir mit Deiner Art und Liebe gegen mich erscheinen und sein mußt: und ob ich Dir erwidere, Dich erkenne! Aber auch die anderen. Denn wisse! – in Details will ich mich hierüber nur mündlich vernehmen lassen, und wie das nach und nach in mir vorgeht – jetzt, da ich gar nichts mehr mit ihnen zu schaffen habe, ich nicht mehr generös zu sein brauche, nicht mehr vor Gemütsaufruhr, den der bedingte Augenblick mit seiner Not und zunehmenden Entschlüssen erheischt, nicht überlegen kann, werden sie mir erst ganz verächtlich, zum reinen unbekannten Nichts, zum Ekelhaß aus Verwerfung, zu meiner eigenen Befremdung, die auch schon vorüber ist. Die Lebens- und Denkresultate aber klingen und schmecken bei weitem anders. Diese sind eine fürs Mitleid doch zu kalte Betrachtung, der Menschensituation überhaupt. Wir sind in Verworfenheit alle; in einem solchen Zustand; und wahrlich, sich selbst opfrende Heldenarten gehören dazu, das sittliche Haupt, das Auge der Seele nur, aus all den Lügenbedingnissen zu erheben; welches so natürlich sein sollte, und ist, sobald der Fall wirklich eintritt. Man kann den schlechter Gearteten nur als einem minderen Gewürm ausweichen, und ihnen, wenn sie doch leiden, helfen; und dies geschieht auch von jedem in seinen Kreisen von Bewußtsein, bewußt und unbewußt. Es giebt ganz was anderes, was wir nicht fassen. Das weiß ich ... Schicke, liebes Güstchen, Taftproben und den Preis von modischen, aber besonders fassionierten, quarrierten, die ich sehr liebe, in Blau, Grün, Violett usw. Du kaufst mir auch etwas Blumen! zuvörderst Federnelken, eine Guirlande davon. Schöne Rosen. Nimm Jettchen Mendelssohn zu Rate: und nicht bei den Teuersten; sage Jettchen: die anderen hätten auch schöne. Und, entweder Du bringst mir modische Federn, oder, einen Hut mit Federn. Er muß nicht schwer aussehen, sage Jettchen; und hübsches Band. Ich bin recht zahm, ich werde Dir ein Maß von meiner Kopfweite beilegen. Der ist dick. Ich möchte auch ein paar Hauben. Damit aber muß sich Jettchen sehr in acht nehmen, denn die können gestickt und mit Spitzen ungeheuer teuer ausfallen, worüber ich einen wahren Gram hätte, und es in jedem Falle merkte. Mir ist es nur um die Façon zu tun. Es giebt auch gar artige Umschlagetücher, von Trikot oder florenem Zeug, kurz nach der Mode, viereckige, laß die auch von Jettchen kaufen. Sie tut's . . .

Brief an Heinrich Heine

37. An Heinrich Heine in Hamburg
Dienstag, 21. September 1830
5 Uhr nachmittag

Sonnentag, nach einer kleinen Ausfahrt,
einem kleinen Diner, einem kleinen
Nachmittagsschlaf.

Vielleicht zerstreut es Sie, in dem jetzigen Leben und bringt Sie zu sehr hohen allgemeinen Betrachtungen, indem es Ihnen die Befriedigung unseres kleinen Herzens als das Wichtigste zeigt, wenn ich Ihnen sage, klage, erzähle, daß ich ein zerschlagenes Herz im Busen habe, weil ich heute meine Kinder den Eltern wieder abgeben mußte. Rein abgeben, als wenn es ihre wären: und ich liebe sie. Ich lebte endlich acht Wochen, von morgens sieben bis neun – und auch des Nachts mit zwei-, drei-, viermal nach Ihnen Sehen – abends, mit, für und nur durch sie. Ich machte ihnen Fleisch durch Pflege; und ließ ihre Seelen wachsen; ihren Geist sich heben und regen. Den ganzen Tag hatten die Drei, wovon Sie meine älteste, Elise, gewiß kennen, Prätentionen an mich; den halben war ich mit ihnen im Wald, und Feld, und Gärten. Nun ist's aus. Alles aus; und ich in Eifersucht allein; daß andre haben, was ich besitzen sollte: – und daß kein Despot, keine Armee, kein Gericht existiert, welches mir dies Gut zuspräche: und der liebe Gott wohl weiß, was mir gebührt; und ich leide. Sehr gut. Und ich soll wieder elend warten, bis ich denken muß: Er hat recht; sonst wär' es ärger gekommen. Es hilft mir nichts, aus der Zeit der verliebten Liebe zu sein; ich leide doch. Und Sie mit; denn ich mag nicht – so sehr kann ich nicht – schweigen; und Ihnen will ich grade heute schreiben. Auch scheint es mir verstockt, ein Verrat und freudloses Benehmen, einen schweren, schwarzen Klumpen Leid im Herzen zu tragen, es in Schmerzen überschwemmt zu fühlen, und dies – schriftlich – zu verheimlichen, ganz zu übergehn; und vom Tag, oder anderm Ernst und Scherz zu sprechen. Wissen Sie, daß ich einen Todschreck von den Schneidergesellen – wegen falscher Berichte eines erschrockenen Domestiken, der während des Tumults, wie Roller vom Galgen, zu mir stürzte, um mir die Stadt als sakkagiert vorzustottern – hatte, einen Tag, wo ich gegen Nervenaffekt und Rheuma ein Schwefelbad mit all den Übeln in dem Körper hatte; und nur aus Ungefähr nicht davon tot blieb; gleich nachher bekam ich den Brief, der mir die Ankunft, durch die ich die Kinder wieder missen sollte, zum surlendemain ankündigte! – gemelkt fühlt' ich mein Herz. Unfähig meinen Körper. Seitdem hab' ich gelacht, geredet, gedacht, die Honneurs der Tage gemacht, wie immer. Und bin durch nichts in meinen Ansichten und Meinungen gestört. Hepp ist mir so wenig unvermutet als alle andre Unducht. Kein großer Trumeau, kein »Jungfernkranz«, kein Elefant über Theaterbrücken; keine Wohltätigkeitsliste, kein Vivat, keine Herablassung; keine gemischte Gesellschaft, kein neues Gesangbuch, kein bürgerlicher Stern, nichts, nichts konnte mich je beschwichtigen. Die Pokkenmaterie muß raus; Schminke hilft nichts; und wäre sie mit Hausanstrichpinseln aufgekleckst! Nur Despoten können uns helfen; die Einsicht haben: oder – so gesagt, so geschehn! Unversehens hab' ich Sie hier begrüßt, mit allem was ich jetzt, über Jetzt zu sagen weiß. Sie werden dies herrlich, elegisch, fantastisch, einschneidend, äußerst scherzhaft, immer gesangvoll, anreizend, oft hinreißend sagen; nächstens sagen. Aber der Text aus meinem alten beleidigten Herzen wird doch dabei der Ihre bleiben müssen. Und auch hier wiederhole ich: Gott weiß das alles: sieht, was uns fehlt; und schickt gewiß den trefflichen Despoten mit Bedacht aus weisem Grunde nicht. Dieser Grund ist Geschichte; und das mindeste bißchen Einsicht davon schon genug zu Geschichtserzählung. Unsre Krankengeschichte ist allein unsre Geschichte. Alle haben wir mit gefressen; und das muß wieder heraus. Kommen Sie bald; schreiben Sie noch früher! Ich leide schrecklich an Ungewaschenem, was jetzt auch sonst Gescheitere und Gewaschnere hervorlassen. Wie wenig wird echt gesehn und gedacht. Adieu. Gesundheit und heitre Tage . . .

Tabellarischer Lebensüberblick Rahel Varnhagens

1771. 19. Mai. – In Berlin geboren als ältestes Kind des Kaufmanns Markus Levin.

1780er Jahre. – Jugendfreundschaft mit David Veit. Regelmäßiger Briefwechsel in den Jahren 1793–1796.

1790 –1806. – Rahels Salon in der Dachstube in der Jägerstraße: die Brüder Humboldt, Friedrich Schlegel, Friedrich Gentz, Schleiermacher, Prinz Louis Ferdinand von Preußen und seine Geliebte Pauline Wiesel, der Altphilologe Friedrich August Wolf, Jean Paul, Brentano, die Brüder Tieck, Chamisso, Fouqué.

1790er Jahre. – Beginn der Freundschaft mit dem Schweden Karl Gustav von Brinckmann.

1795/96 Winter. – Rahel lernt den Grafen Karl von Finckenstein kennen. Verlobung. Die Beziehung zieht sich bis 1800 hin.

1800 Juli bis 1801 Mai. – Rahel reist mit der Gräfin Karoline von Schlabrendorff nach Paris, wo sie den Hamburger Kaufmann Wilhelm Bokelmann kennenlernt.

1801. – Rückkehr nach Berlin.

1801. – Rahel lernt Friedrich Gentz kennen.

1801/02. – Sie lernt den spanischen Legationssekretär Don Raphael d'Urquijo kennen und verlobt sich mit ihm.

1804. – Bruch mit d'Urquijo.

1806. 27. Okt. – Napoleon zieht in Berlin ein, das bis 1808 unter französischer Besatzung bleibt.

1806/07. – Schädigung des Vermögens der Familie. Einschränkungen, Auseinandersetzungen mit den Brüdern, die sich bis 1812 hinziehen.

1808 Frühling. – Beginn der Beziehung zu Varnhagen.

1808 Herbst. – Varnhagen geht nach Tübingen.

1809 Frühjahr. – Rahel lernt Alexander von der Marwitz kennen.

1809 Juni. – Varnhagen zum österreichischen Kriegsschauplatz; 1810 mit dem Grafen Bentheim nach Paris, von dort über Westfalen nach Wien (1811).

1809 Oktober. – Tod der Mutter.
1810. – Sie nennt sich Rahel Robert.
1811 Juni. – Varnhagen holt Rahel von Berlin nach Teplitz ab.
1811 September. – Rückreise über Dresden – Wiedersehen mit Alexander von der Marwitz – nach Berlin.
1812. – Veröffentlichung der auf Goethe bezüglichen Stellen aus dem Briefwechsel zwischen Varnhagen und Rahel im Cottaschen »Morgenblatt«.
1813. 9. Mai. – Zusammen mit der Familie ihres Bruders Markus nach Breslau, um den Kriegswirren zu entgehen, von dort nach Prag. Wiedersehen mit Gentz und Marwitz.
1813/14 Winter. – Schwere Krankheit.
1814. 27. Sept. – Taufe und Vermählung mit Varnhagen. Namen: Antonie Friederike.
1814 Oktober. – Varnhagen als Mitglied des diplomatischen Korps zum Kongreß nach Wien. Rahel folgt ihm.
1815 Juni. – Varnhagen verläßt Wien, und Rahel verbringt einige Sommerwochen bei der Familie Arnstein in Baden bei Wien.
1815 August. – Rahel reist nach Frankfurt.
1815. 8. Sept. – Goethes Besuch bei Rahel in Frankfurt.
1816 Juli. – Varnhagen und Rahel ziehen nach Karlsruhe, wo Varnhagen preußischer Geschäftsträger geworden ist.
1819. 22. Juli. – Varnhagen wird von seinem Posten in Karlsruhe abberufen.
1819 Oktober. – Rückkehr nach Berlin.
1821 Frühjahr. – Rahel lernt Heine kennen.
1832 Dezember. – Gentz stirbt.
1833. 7. März. Rahel stirbt. Sie wird auf dem Dreifaltigkeitskirchhofe vor dem Halleschen Tor in einem Gewölbe beigesetzt und dreißig Jahre später zusammen mit Varnhagen dort begraben.

Bibliographie (Auswahl)

a) Textausgaben, die benutzt wurden:

Rahel Varnhagen: Briefwechsel, Band 1–4, München 1979 (2. Auflage)

Katja Behrens (Herausgeberin): Frauenbriefe der Romantik, Frankfurt a. M. 1981 insel taschenbuch 545

Rahel: Ein Buch des Andenkens für ihre Freunde, drei Teile, Berlin 1834

b) Literatur über Rahel Varnhagen

K. A. Varnhagen von Ense: Denkwürdigkeiten und vermischte Schriften, 1. bis 8. Band, Mannheim 1837/1848 und Leipzig 1859

Hannah Arendt: Rahel Varnhagen. Lebensgeschichte einer deutschen Jüdin aus der Romantik. München 1959

Herbert Scurla: Rahel Varnhagen. Die große Frauengestalt der deutschen Romantik, Düsseldorf 1978

Der Schönheit Malerin...
Erinnerungen der
Elisabeth Vigée-Le Brun

Herausgegeben von Lida v. Mengden
Sammlung Luchterhand Band 553

Die Memoiren von Elisabeth Vigée-Le Brun schildern das Leben der höfischen Gesellschaft im Paris des Ancien régime, in der Vigée-Le Brun aufgrund einer beispiellosen Karriere, noch ehe sie 20 Jahre alt war, als gefeierte Porträtmalerin verkehrte und mit 25 Jahren zur Lieblingsmalerin der französischen Königin Marie-Antoinette aufstieg. Nach ihrer Flucht vor der französischen Revolution – durch ihre enge Beziehung zum Hof kompromittiert – traf sie in den Salons der europäischen Hauptstädte mit führenden Künstlern und Persönlichkeiten ihrer Zeit zusammen. Sie kehrte erst 1809/10 endgültig nach Paris zurück.

Fanny Mendelssohn
Italienisches Tagebuch

Herausgegeben von Eva Weissweiler
Sammlung Luchterhand Band 607

Fanny Mendelssohn (1805–1847), die ältere Schwester des Komponisten Felix Mendelssohn, verheiratet mit dem Berliner Hofmaler und Porträtzeichner Wilhelm Hensel, ist als Komponistin noch genauso zu entdecken wie als Briefschreiberin in der Tradition der deutschen Romantik. Die kaum bekannten Briefe und Tagebuchaufzeichnungen ihrer Italienreise 1839/40 gehören zu den lebendigsten Zeugnissen unter den vielen zeitgenössischen Berichten aus dem »Land der Poesie«.

Annette von Droste-Hülshoff
Spiegelbild und Doppellicht
Prosa, Briefe, Gedichte

Herausgegeben u. mit einem Essay von Helma Scheer
Sammlung Luchterhand Band 490

In der Tradition weiblicher Schreibaufbrüche zeigt das Werk der Droste-Hülshoff eine einzigartige Schreibentwicklung. Im Mittelpunkt dieser Textsammlung steht »Ledwina«, eine frühe, unvollendete Novelle. Sie gibt ein authentisches Bild der Empfindsamkeit, Gespaltenheit und Umgetriebenheit der jungen Droste in ihrem Kreis. Ihr Leben lang wird Annette von Droste eine existentiell Fremde bleiben, brüchig, schwankend zwischen radikalem Selbstausdruck und sittsamer Konventionalität, »gefesselt in der sengenden Flamme« der Weiblichkeit.

»Lieber Freund, ich komme weit her schon
an diesem frühen Morgen.«
Caroline Schlegel-Schelling
in ihren Briefen

Herausgegeben und mit einem Essay
eingeleitet von Sigrid Damm
Sammlung Luchterhand Band 303

Caroline Schlegel-Schelling war eine der faszinierendsten Frauenpersönlichkeiten ihrer Zeit. Ihre Kunst war es, ihr Leben in historisch aufgezwungenen engen Grenzen bewußt zu gestalten – ausgehend von der frühen Weigerung, im »Hauptwerk des Weibes« für sich den »Hauptzweck des Menschen zu sehen. »Sie wagte, zu leben« schreibt die Herausgeberin im einleitenden Essay. »Das ist ihre unerhörte Kühnheit.«

Karoline von Günderrode
Der Schatten eines Traumes
Gedichte, Prosa, Briefe, Zeugnisse von Zeitgenossen

Herausgegeben und mit einem Essay eingeleitet
von Christa Wolf
Sammlung Luchterhand Band 348

Karoline von Günderrode gehört zu den zu Unrecht vergessenen Dichterinnen deutscher Sprache. Sie war Zeitgenossin Hölderlins, den sie verehrte, ohne ihn zu kennen, und von Novalis; befreundet mit Bettina und Clemens Brentano, Carl von Savigny, Achim von Arnim. Der Nachwelt bekannt blieb sie durch den Briefroman »Die Günderrode«, den Bettina Brentano 1840 herausgab, und durch die Geschichte ihrer unglücklichen Liebe zu dem Heidelberger Altphilologen Friedrich Creuzer, die Anlaß ihres Selbstmordes war.

Natalja Baranskaja
Das Ende der Welt

Erzählungen von Frauen
Sammlung Luchterhand Band 581

Die russische Autorin Natalja Baranskaja wurde mit ihrer Prosa zur sensiblen Historiographin weiblichen Seins in unserer Zeit, in einem Land, das dem unseren, wie sich zeigt, näher ist, als wir erwarteten. Frauen, junge und alte, Mädchen und Greisinnen – Frauen jedes Alters und verschiedenster sozialer Herkunft sind die Hauptpersonen und der stete Bezugspunkt ihrer einfühlsamen Erzählungen.

Die Heiratsschwindlerin
Erzählerinnen der DDR

Herausgegeben von Ingrid Krüger
Sammlung Luchterhand Band 439

»Die Verhältnisse in unserem Land haben es Frauen ermöglicht, ein Selbstbewußtsein zu entwickeln, das nicht zugleich Wille zum Herrschen, zum Dominieren, zum Unterwerfen bedeutet, sondern Fähigkeit zur Kooperation. Zum erstenmal in ihrer Geschichte definieren sie – ein enormer Fortschritt – ihr Anderssein; zum erstenmal entfalten sie nicht nur schöpferische Phantasie: Sie haben auch jenen nüchternen Blick entwickelt, den Männer für eine typisch männliche Eigenschaft hielten.« Christa Wolf